정태춘 2

정태춘 2

92년 장마, 종로에서

이영미 엮음

※ 일러두기
이 책은 1994년 초판이 출간된 『정태춘 2』를 읽기 편한 크기로 다시 만든 제2판입니다. 초판은
출간 당시의 시대상을 기록한 뜻있는 책이기도 합니다. 이런 의의를 보존하기 위해 글을 주신
분들의 약력과 직함, 외래어 표기 등은 초판을 따르고 있습니다. 덧붙여 초판 출간 당시에는 결
과가 나오지 않았던 헌법재판소의 판결 결과 등을 "〈가요의 검열제 철폐 운동〉에 관련한 일지"
에 추가하였습니다.

엮은이의 말

역사의 짧은 한 시기가 지나고 이제 또 새로운 시기가 시작되었다. 역사의 큰 흐름으로 보아서 5, 6년이란 매우 짧은 시기일지 몰라도, 그 시대를 살아가는 우리들에게 그것은 결코 짧지 않은 시기이다. 그 몇 년 사이에 세상은 몇 번이나 바뀌었고, 우리의 생각과 행동도 여러 번 엎치락뒤치락하였다.

정태춘의 작품세계도 이제 그 5년간의 한 시기를 마무리하고 새로운 양상을 보이고 있다. 몇 년 전 『정태춘』이라는 제목의 책으로, 공연 〈송아지 송아지 누렁 송아지〉와 비합법 음반 『아, 대한민국…』으로 극명하게 나타난 그의 작품세계의 변화를 중심으로 하여, 초기작으로부터 그때까지의 그의 작품을 정리하여 묶어낸 바 있다. 그리고 지금 우리는 음반 『92년 장마, 종로에서』에서 이전과는 또 달라진 90년대 초 정태춘의 모습을 다시 반가운 마음으로 만나게 된다. 그 반가움은 작품 마디마디에 급격하게 달라져 가는 세상에 대한 그의 고민이 진솔하게 배어있다는 이유에서일 것이다.

한 권의 책이 되기에는 매우 적은 분량의 작품임에도 불구하고, 『아, 대한민국…』 이후의 작품들을 이렇게 서둘러 독립된 또 한 권으로 묶어내는 것은, 이러한 세상의 급격한 변화 속에서 그가 해내는 고민을 좀 더 생생한 감으로 많은 사람들과 공유하고자 하는 생각에서이다. 특히 사전심의 제도의 철폐를 주장하며 그가 해내고 있는 쉽지 않은 싸움을 생각하면 더더욱 그러하다. 정태춘은 이 작품들과 이 싸움으로 이 시기를 성실하게 보냄으로써 보다 성숙하게 많은 대중들 속에 다가갈 수 있을 것이다.

이 책에서는 그의 작품과 더불어, 스스로의 입을 통해서 나오는 그의 말들을 될 수 있으면 솔직하고 풍부하게 싣고자 노력했다. 그간의 생각을 정리하고 있는 대담과 각 작품들에 대한 그의 뒷이야기는 노래 자체에서 슬며시 배어 나오는 그의 생각과 체취를 더욱 강하고 또렷한 것으로 느끼게 해 줄 것이다. 김승근 씨와 박은옥 씨가 찍은 적지 않은 사진들도, 가수로서 혹은 조금은 과장된 의미의 '민주투사'로서의 정태춘이 아닌, 이 세상을 사는 한 사람으로서의 그의 체취를 솔직하게 전달하고자 하는 의도에서 배치하였다. 그간 그의 의욕적인 활동과 작품을 애정있게 보아온 몇몇 분들의 음반에 대한 감상과 비평들도 그의 작품과 세상의 관계를 보는 데 좋은 읽을거리가 될 것이다.

이 책을 만드는 데에 귀한 시간을 쪼개어 원고를 써 주신 그분들께 엮은이로서 고마움의 말씀을 올린다.

1994년 5월에

이영미

차례

1. 근래의 사진들

음반『무진 새 노래』를 계기로 변화의 조짐을 보인 정태춘은 일반 가수로서는 독특하게 일관된 주제 의식과 구성을 가진 노래 공연 〈송아지 송아지 누렁 송아지〉를 올림으로써 그의 생각을 솔직하게 펼쳐놓기 시작했다. 사진은 부산 공연(경성대, 실내 유료 공연)의 한 장면이다. 정태춘과 오랜 친구인 가수 이무하 씨이다.

■ 사진: 경성대 사진반 학생

가수 부부인 정태춘, 박은옥에게 가장 중요한 일은 공연장에서, 혹은 스튜디오에서 노래하는 일이다. 노래를 한다는 것은 항상 힘든 일이지만, 나이가 먹을수록 나이에 걸맞은 목소리를 내야 한다는 생각에 그는 점점 더 어려운 일이라는 것을 느낀다. 오른쪽 아래의 작은 사진들은 93년 음반『92년 장마, 종로에서』음반을 녹음할 때, 오른쪽 위의 큰 사진은 역시 93년 '노래를 찾는 사람들' 연강홀 공연 찬조 출연 때 찍은 것이다.

■ 사진: 김승근

1984~5년경 롯데 크리스탈볼룸에서의 공연.

■ 사진: 김용범

음반 『92년 장마, 종로에서』에서는 91년을 계기로 달라진 사회적 분위기와 사람들의
달라진 고민을 담아내려고 노력하였다. 과연 그의 노래는 다시 한번 변화의 조짐을
보이고 있다. 그런 만큼 이 음반 작업은 어느 때보다도 그에겐 힘든 작업이었다. 오른
쪽 사진은 93년 음반 『92년 장마, 종로에서』를 녹음할 때의 모습이다. 왼쪽 위 사진에
편곡자 함춘호, 엔지니어 박주익, 왼쪽 아래에는 코러스를 해준 '노래를 찾는 사람들'
의 유연이, 김은희, 신지아의 모습이 보인다.

■ 사진: 김승근

사람들이 생각하는 그의 인상은 대개 한 가지이다. 순박하고 솔직하면서 진지하고 차분한 그 인상 말이다. 그것은 옳다. 하지만 그를 가까이에서 보면 그 외의 다른 모습이 보인다. 다혈질이어서 흥분도 잘하고, 또 어울리지 않게 농담도 잘 던지고 재기발랄한 장난기도 있다. 그의 이러한 다양한 인상이 시골 촌놈 같은 분위기로 덮여 있을 뿐이다.

왼쪽 사진은 박은옥이 집에서 찍은 사진이며, 위 사진은 93년 지방의 대학공연에 가서 박은옥이 찍은 것이다. 이 사진에 정태춘이 붙인 제목은 〈동키호테테테테...〉이다. 아래 사진은 공연 〈송아지 송아지 누렁 송아지〉의 한 장면이다.

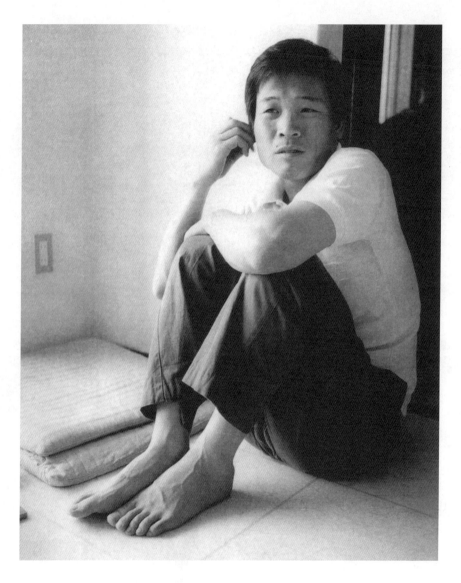

그는 유명인이다. 유명인에게도 일상은 있다. 그는 송파구의 한 아파트에 사는 주민이
며, 예쁜 딸 '정새난슬'의 아버지이며, 주부 박은옥의 남편이다. 보통의 직장인들과
다른 점은 매일 아침 일찍 "여보, 다녀올께"하고 출근하지 않는다는 것일 게다. 왼쪽
위의 사진은 이제 막 잠이 깨어 부스스한 채로 조간신문을 보는 모습이며, 왼쪽 아래는
낮잠을 즐기는 모습, 오른쪽은 '테레비'를 보는 모습이다.

■ 사진: 박은옥

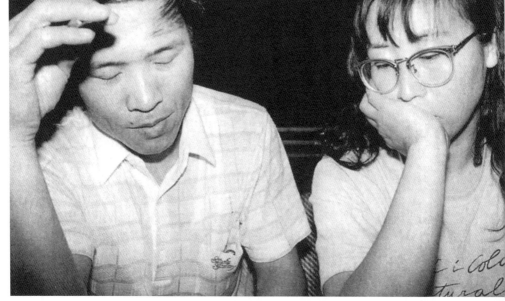

그는 참 처복이 있는 사람이다. 박은옥은 그의 아내로서, 그의 듀엣 파트너로서, 그리고 그의 노래를 불러주는 가수로서 가요 활동의 초기부터 지금까지 함께 생활해왔다. 다소 투박하고 거친 듯한 분위기의 그의 목소리에 박은옥은 섬세하고 여린 분위기를 얹어주어 작품의 분위기를 다층적으로 만들어낸다. 둘이 만들어내는 생활과 노래에서의 조화로움의 뒤에 적지 않은 노력이 숨어있음은 말할 것도 없다. 왼쪽 위의 사진은 음반 『92년 장마, 종로에서』의 표지사진을 찍기 위해 종로에 나갔다가 탑골공원 안에서 찍은 것이며, 아래 사진은 녹음실에서의 모습이다.

■ 사진: 김승근

연세대 100주년 기념관에서 초연한 〈송아지 송아지 누렁 송아지〉는 1989년 여름
전국 대학의 야외공간에서 전교조 지지 공연으로 올려졌다. 그 후 정태춘은 야외의
대중집회적 공연에 단골손님이 되었다. 이러한 야외의 '집회적' 공연은 정태춘의 노
래를 내향적인 질감을 넘어서서 외향적이고 힘찬 분위기로 바꾸어갔다. 왼쪽 위,
오른쪽 위, 오른쪽 가운데는 야외무대인 연세대 노천극장. 오른쪽 아래는 성균관대
에서 열린 언론노조 창립대회 때의 모습.

■ 위 사진: 박은옥

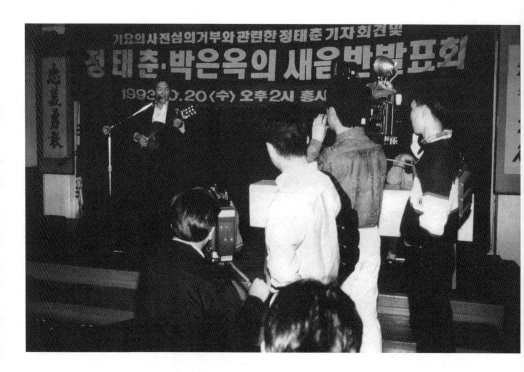

정태춘은 대중가요 가수도 사회의 일원으로서 사회현상에 대해 적극적으로 발언하고 그를 위해 행동할 수 있음을 보여주었다. 그리고 창작자이자 가수로서의 그가 가장 앞서서 할 일은 가요에 대한 정부의 부당한 간섭을 거부하고 검열제도를 두고 있는 음반법을 개정하는 일이었다. 왼쪽 사진은 93년 10월 홍사단에서 가진, 가요 사전심의 관련 기자회견 및 새 음반 발표회 때 찍은 것이고, 오른쪽 아래는 91년 2월 처벌이 강화된 '음반 및 비디오에 관한 법률'이 국회에서 처리 중, 음비법 개악 저지와 국가보안법 철폐를 위한 한국민속예술인총연합 농성장에서 찍은 것이다. 오른쪽 가운데는 비합법음반 『아, 대한민국…』 사인 판매장. 오른쪽 위는 몇 년 전 그의 고향인 평택에서 평택 시민 모임 주최로 열린 '용산 미군기지 평택 이전 반대' 집회 뒤 시내 시위 장면이다.

■ 위 사진: 김승근

■ 사진: 박은옥

해외 공연은 힘이 들지만, 또 거기서 유난히 좋은 친구들을 많이 만나게 되고 감격적인 순간도 많이 겪게 된다. 위의 사진은 일본 오사카의 공연 연습장 해방부락 건물 앞에서 찍은 사진이며, 아래 사진은 미국 캘리포니아 사막에서 재미작가 이충렬 씨와 찍은 것이다. 오른쪽 아래의 사진 4매 중 왼쪽 위는 L.A. 공연의 관객들이 공연 끝에 노래를 함께 부르는 모습, 왼쪽 아래는 샌프란시스코, 오른쪽 위와 아래 사진은 오사카 공연 사진이다. 맨 위는 오사카 공연 마지막에 〈우리의 소원은 통일〉을 함께 부르는 모습이다.

■ 사진: 박은옥

그의 과감한 행보는 그로 하여금 많은 분야의 사람들과 만나게 했다. 가운데 사진은 89년경 MBC라디오 『별이 빛나는 밤에』 녹음 중에 이문세, 이경규 씨와 찍은 사진이고, 오른쪽 위는 음반 『92년 장마, 종로에서』 녹음 중 엔지니어, 연주자들과 점심식사를 하는 모습이다. 왼쪽 위는 민족미술협의회 전 의장이었던 화가 김정헌 씨의 개인전 전시장(인사동 화랑 학고재)에서 찍은 것이다. 정태춘 옆에 김정헌씨, 한국민족예술인총연합 사무총장이자 화가인 김용태 씨, '삶의 문화' 기획실장 김영준 씨가 있다. 아래쪽 사진은 93년 전주 공연 가서 고 장하다 군의 아버지 장명기 선생과 시인 도종환 씨를 만났을 때 찍은 것이다.

93년 가을 KBS TV의 인기 프로그램 『노영심의 작은 음악회』의 〈정태춘 박은옥 특집〉
을 녹화할 때 찍은 사진들이다. 이 프로그램에서 공륜의 심의를 거부한 '불법음반'
『92년 장마, 종로에서』에 실린 노래 두 편이 방영되어 담당 프로듀서가 방송사 측의

징계처분(경고)을 받았다. 물론 담당 프로듀서와 제작진은 사측의 징계 가능성을 알고 있었고, 그럼에도 녹화와 방영을 강행했다.

■ 사진: 김승근

2. 인터뷰

● 정태춘
○ 이영미

　정태춘 씨를 만나러 나간 아침은 갑자기 추워진 초겨울 날이었다. 이 글을 쓰기 위한 인터뷰를 하기 위한 만남이었고, 약속 시간은 아침 10시. 그는 그보다 더 이른 시간에 또 한 차례 약속이 있었던 듯했다. 그는 참 바빠 보였다.

　형, 바쁘시죠?
　네, 요즘은 완전히 비지니스맨이예요.

　으레 나올 법한 "늘상 그렇죠" 같은 대답이 나오지 않은 것으로 보아 바쁘기는 무척 바쁜 모양이었다. 비합법 음반 『92년 장마, 종로에서』가 나오고 사전심의 제도에 공식적으로 선전포고를 던진 10월 말부터 계속 그런 모양이다. 그럴 것이다. 기자회견, 온갖 언론기관의 인터뷰, 방송국 출연, 시내 레코드점에서는 취급해주지 않는 그 음반을 전국으로 배포하고, 사람들이 많이 모이는 장소엔 어디든 뛰어가서 사인 판매를 하고……. 작사, 작곡, 노래만을 하는 싱어송라이터의 일만 해도 수월찮은 일인데, 거기다가 '불법 음반제작자'에 '불법 배포업자' 노릇까지 하니 여간 바쁘겠는가. '비지니스맨'이라는 말이 실감이 났다.

　언제부턴가 나는 그에게 '정태춘 씨'라는 호칭 대신, '태춘이 형'이라는 호칭을 쓰게 됐다. 그러고 보니 그를 만난 지도 벌써 6년째이다. 인기가수였던 그가 음반 『무진 새 노래』를 낸 후 88년부터 소위 재야권의 대중집회에 얼굴을 내밀기 시작한다는 소문을 들은 지 몇 달 만에, 그동안 만든 작품

들을 모아 작품집을 내겠다고 나를 만
나자는 요청을 해왔던 그때에야 나는
그와 처음 대면했다. 노래 운동 시작
부터 '이 바닥'에서는 어지간히 구른
경력이 있는, 터줏대감에 속하는 나에
게, 대중가수 경력 10년 만에 비로소
노래 운동에 대한 적극적 의사를 표명
하기 시작한 그는 아무래도 예의를 차려줘야 하는 '손님'이었다. 작품집을
편집하기 위해 그의 작품들을 미 발표작까지 모두 살펴보고 그의 살아온
이야기를 듣고서 그의 변화가 한 때의 바람 타기가 아니라는 생각을 하였
지만, 그래도 워낙 '판이 다른 동네'에 혈혈단신 뛰어들어와 적응한다는 게
쉽지 않으리라 걱정을 하지 않을 수 없었다.

　그러나 그는 놀랄 만큼 빠르게 적응을 했다. 그런 빠른 자기변신을 가능
하게 했던 것은 주저하거나 망설이지 않고 대중 속에 자기 몸을 던지는 과
감함이었다. 전교조 열풍이 불던 89년 가을, 그는 〈송아지, 송아지, 누렁송
아지〉를 가지고 전국을 돌며 전교조 지원 무료 순회공연을 하면서 차분한
공연장이 아닌 역동적인 대중집회의 분위기에서 노래를 부르기 시작했고,
이러한 과감한 대중접촉은 그의 세계관과 음악적 질감을 변화시켰다. 이후
그는 아예 '이쪽 동네'로 이적(移籍)을 해버렸다. 이마 그 즈음부터 나는 그
에게 '형'이라는 호칭을 썼던 것 같다.

　그와 인터뷰를 하기 위해 들어간 그의 '삶의 문화' 사무실은 썰렁했지만
늘 그런 것처럼 깨끗했다. 언젠가, 청소하고 정리정돈하는 것이 취미라는
말을 해준 게 생각났다. 그의 사무실에서는 그와 관계된 모든 신문, 잡지의
자료들을 깨끗하게 모아서 앨범에 정리하고 있다.

　나는 작품집 『정태춘』과 비합법음반 『아, 대한민국…』 이후의 활동을
궁금히 여길 독자들을 생각해서 근황부터 물었다.

『아, 대한민국…』 그후

○ 그동안 살아왔던 이야기 좀 해주세요.『아, 대한민국…』음반 내고, 91
 년을 계기로 이른바 대중운동의 정체기를 맞으면서 심적인 우여곡절을
 많이 겪으셨을 것 같은데요.

● 91년을 계기로 판이 바뀌고 가장 고민이 된 것은 노래를 어떻게 만들
 것인가 하는 문제였어요. 내가 중요하다고 생각하고 유지하려고 노력
 했던 가치들, 민중성이라든가 하는 그런 것들을 이 변화된 상황에서 어
 떻게 노래에 담아낼 것인가 하는 고민이었죠. 작품이 잘 안 만들어지고
 그랬어요. 슬럼프가 온 거죠.

○ 그 고민이 한참 갔죠?

● 네, 그때 쯤, 꼭 그게 유일한 계기는 아니지만, 유럽과 제3세계권의 노
 래 테이프를 듣게 됐어요. 말로만 듣던 아르헨티나의 소사라든가, 니카
 라과의 과다바랑코, 그리이스의 데오도라키스, 독일의 시인이자 가수
 인 볼프 비어만 등등, 일부는 가사 번역 부탁을 해서 보고, 음반을 들으
 면서 조금씩 실마리를 찾기 시작했어요. 뚜렷한 주장을 하지 않고, 좀
 편안하게 생각나는 것을 써보자는 생각을 했어요. 이번 음반에 실린 작
 품들은 그때부터 지금, 아니 음반 녹음하기 직전까지, 한 일 년 반 정도
 의 기간 동안 만든 거예요.

예의 있는 사람이라면 이 정도에서 질문을 그쳐야 하는 건데, 나는 짓궂
게 더 물었다.

○ 슬럼프 겪으시면서, 그때 그냥 합법적 대중가요 하는 사람으로 남을 걸
 하는 후회 같은 것 혹시 안 해보셨어요?

● 전혀 안 했어요. 운동이 어려워지면서 내 생계 문제까지 흔들렸다면 혹
 시 달랐을지도 모르겠는데, 저는 예나 지금이나 음반 인세 가지고 그런

대로 생활을 해 나갈 수 있거든요. 운동하는 다른 사람들보다는 생활이 나으니까요.

단호하게 정색을 하는 표정도 아니고, 너무나도 당연히 아니라는 투로 선선히 웃으며 답했다. 어떻게 그럴 수 있었냐는 질문은 할 필요가 없었다. 그는 바로 정답을 말했다.

● 만약 그때 아무 일도 안 하고 놀아버리자고 작정했다면 그럴 수도 있었어요. 그런데 저는 계속 대학 초청공연이나 대중집회적 공연 같은 데 다녔어요. 어떤 결론이 혼자 골방에 앉아서, 무슨 대 사색(웃음)을 통한 인식의 대반전, 그런 걸로 나오는 게 아니라, 대중 앞에서 노래 부르고 이야기하고 그러면서 자연스럽게 정리되는 거라고 생각해요.

이 판에 들어와서 처음 침체기를 맞아보는 사람치고는 참 빨리 안정을 회복하고 있었고, 그건 확실히 대중 속에서 고민을 풀고 그 속에서 변화하는 건강한 그의 태도에서 나오는 듯했다. 지금 세상 돌아가는 걸 어떻게 읽을 것이냐 하는 게 어려운 문제라고, 그는 차분하면서도 미래지향적인 어조로 말했다.

그는 집회장이나 큰 공연장에서 노래만 부르지 않고 말을 많이 하는 가수이다. 그리고 나름대로 그는 그런 자리에서 매 시기의 당면한 문제들을 거론하며, 약간의 설교 투가 섞여 있기는 하지만 매우 솔직히 자신의 소신을 말한다. 어쩌면 그러한 자신의 말들 속에서 자기 자신을 다짐하는 듯도 했다. 그런데 이제 그런 자리에서 그는 무슨 이야기를 할까? 그런 고민을 그도 한동안 한 모양이었다.

외국공연에서 느낀 '아름다운 세상' '아름다운 사람들'

● 그런 자리에서 이전과는 다른 어떤 이야기를 해야 할까 생각을 많이
했는데, 요즘은 '아름다운 세상, 아름다운 사람들' 이런 이야기를 많이
해요. 상투적인 말 같지만, 나는 그런 것에 대해 어느 정도 상을 그리고
있다고 생각해요.

구체적인 인간의 모습, 사람살이의 모습으로 미래의 상을 그리고 있다
는 점에서 그는 확실히 예술가다웠다. 그리고는 그 '아름다운 세상, 아름다
운 사람들'에 대한 생각은, 그간 몇 번의 외유를 통한 그 나라 사람들에게서
자극받은 바가 있다고 하였다. 그는 89년에 뉴욕, 92년 여름에 로스엔젤레
스, 샌프란시스코에 공연하기 위해 갔다 왔었고, 92년 겨울에는 이태리, 스
위스, 오스트리아, 프랑스 등 유럽 몇 나라에 여행을 갔다 왔다. 그리고 올
여름엔 공연차 일본 오사카에 다녀왔다.

● 소위 선진국이라는 나라에 가서, 그 나라 사람들이 친절하다는 게 참 충
격이었어요. 참 잘 웃어요. 처음 뉴욕에서 호텔에서 잤는데, 거기 청소하
는 아줌마가 나를 안다는 듯이 인사를 하더라고요. 유럽 여행 때에는 안
내인도 없이 마치 배낭여행처럼 그렇게 갔었는데, 어느 날 저녁 프랑스
에서 숙소를 구하지 못하고 헤매고 있었어요. 그런데 어느 중년 부부가
오더니 왜 그러냐고 물어요. 한국인이라고 하고 이런저런 사정얘기를 했
더니 자기도 한국에 가봤다면서 반가워하고는, 자기 아내를 까페에 앉혀
놓고 우리와 같이 한 시간 이상이나 흔쾌히 웃는 얼굴로 숙소를 알아보
러 찾아다니더라고요.
우리로서는 꿈도 꿀 수 없는 거죠. 저부터도 그렇지만, 차 몰고 가면서 길
거리에서, 아니면 아주 사소한 일로도 상대방을 죽이고 싶다는 듯이 격렬
하게 화를 내잖아요. 나는 선진국이란 말에 참 거부감을 가지고 있었는데,

몇 번 가보면서 그네들이 훨씬 우리보다 '아름다운 세상'에서 살고 있다는 생각을 했어요. 다른 사람에 대해 따뜻하게 배려하고, 친절하게 대하고, 증오하고 화내지 않고. 아무리 인정하지 않으려 해도 그건 확실히 '아름다운 사람'의 모습이죠.

누구는 부시맨을 닮았다고도 하는, 천상 촌사람 얼굴 같은 그의 얼굴을 보면서, 선진국이라는 말에 거부감을 느끼며 유럽과 미국을 돌아다녔을 그의 모습을 상상했다. 그러면서 남의 말에 토를 달기 좋아하는 나는, 결론에 이르기까지 가만히 참지 못하고 그의 말끝에 토를 달았다.

○ 그네들은 여유가 있기 때문이죠. 우리나라에서도 가난한 동네 사람들이 부자 동네 사람들보다 더 불친절하잖아요. 튕겨 나갈 것 같은 살벌한 지옥철에서 남을 배려해줄 여유가 있겠어요?

하지만 그는 이번에도 정답이었다.

● 바로 그거예요. 우리가 항상 화내고 서로가 서로에게 배려하지 못하며 사는 게, 원래 우리 품성이 나쁘다든가, 예절교육이 잘못되어서가 아니라는 거죠. 물질적 토대, 사회적 조건이 마련되지 않아서예요. 서로가 서로를 위하고 자상하게 대해주며 아름다운 사람들로 살 수 있는 세상, 그런 아름다운 세상은, 그럴 수 있을 만한 물질적 토대가 마련되어야 해요. 그게 없으면 헛 거예요. 여태까지 우리가 싸워왔던 것도 궁극적으로는 이런 아름다운 세상을 만들기 위해서라는 생각을 해요.

비합법음반을 '당당하게' 내기까지

여기까지 이야기한 우리는 대충 초반전을 끝낸 느낌으로, 이제 새로 나온 음반『92년 장마, 종로에서』에 대해 이야기할 수 있었다. 그는 이미 91년 봄에도『아, 대한민국…』을 비합법음반으로 발매하고 당당하게 비합법음반을 냈노라고 기자회견을 열어 사전심의 제도가 명기된 음반법에 대해 맞선 바 있다. 자타가 공인하는 분명한 현행범임에도 불구하고 희한하게 그는 구속되지도 않았고 입건 당하지도 않았으며 당국은 기자회견이 끝난 바로 뒤부터 시작된 그의 비합법음반 사인 판매를 그냥 보면서도 그 음반을 수거하지 않았다. 그리고 이번에 두 번째로 똑같은 범법행위를 저지른 것이다.

○ 비합법음반『92년 장마, 종로에서』발매가 언제였죠?

● 10월 20일 이 비합법음반을 발매했다는 것, 전국적인 사인판매를 하겠다는 것을 공표하는 기자회견을 흥사단 강당에서 가졌습니다. 그 자리에서 사전심의를 거부한다는 의사를 밝히고, 사전심의가 규정되어 있는 음반법 개정을 촉구하였죠.

이야기를 죽 들어보니 그는 이 음반을 내면서 몇 가지 것을 함께 생각하는 것 같았다. 작품의 분위기를『아, 대한민국…』과는 다르게 바꾸면서 다시 방송, 제도권 가요계로 접근해 들어가는 것, 그러면서도 이전까지의 소신을 청산하지 않을 것, 작품의 질로서도, 음반을 발표하는 행위로서도, 대중가요계로 다시 접근하는 방법으로서도 모두 의미 있고 중요한 행동이어야 한다는 생각을 하고 있었다.

● 변화된 상황의 흐름에 걸맞은 작품을 내기 위해, 또 방송이나 제도권 쪽으로 다시 접근해 들어가기 위해서도 이 음반이『아, 대한민국…』과는 다른 분위기의 작품들인 것은 당연해요. 그러면서도 이 작품들은 내

가 이전부터 생각하고 주장해온 것을 잃지 않았다고 생각합니다. 이전의 내가 한 말이 부끄럽지 않아요. 그런 나 자신에게 안도가 돼요. 내 작품을 아껴주는 많은 분들에게도 좋은 노래를 만들어 보여드려 떳떳하고 싶고요.

또 이것을 비합법음반으로 내면서 사전심의 제도 철폐 싸움으로 만들어내는 것이 의미가 있다고 생각해요. 대중가요권에서 활동하다가 일정한 반성을 통해서 『아, 대한민국…』으로의 변화를 했던 나로서는, 그냥 투항하는 느낌으로 다시 방송, 대중문화권으로 복귀하고 싶지는 않아요. 우리 노래문화의 발전을 구속하고 있었던 가장 중요한 것들 중 하나인 사전심의 제도의 철폐를 주장하면서 복귀를 함으로써, 여태까지 함께 활동했던 노래운동의 친구들과 대중가요권의 친구들에게 모두, 무언가 의미 있는 일을 하고 싶어요.

엄청난 일을 저지르는 것이니만큼 그는 참 이모저모를 많이 생각한 것이다. 그간의 자기 활동을 성과로 안고 대중문화권으로 복귀하고 싶다는 생각은 원칙적으로 참으로 온당한 것이다. 하지만 역시 조금만 수그리고 다협하면 이 문민정부 시대에 합법음반으로도 낼 수 있는 노래들을, 그 자기 자식 같은 작품들을 대중적인 배포에 한계가 많은 비합법음반으로 낸다는 것은 아무래도 안타까운 것이다.

● 합법적인 음반으로 낼까도 많이 생각해봤어요. 비합법음반으로는 많은 대중들과 만나기에 여러 한계를 가지고 있기 때문에, 그러기에는 너무 아까워서요. 하지만 비합법음반을 내겠다고 마음을 먹었어요. 그래도

여전히 이 음반은 쉽게 음반 소매점에서 구할 수 없으니까, 내 노래를 듣고 싶어 하는 많은 사람들에게 미안하고, 또 저로서도 안타까워요.

일반 소매점에서도 팔지 못하고, 방송에서도 내보내 주지 못한다. 비합법음반이니 어쩔 수 없다. 그런데 놀랍게도 몇몇 라디오방송국에서 비합법음반인 이 음반에 방송심의를 내주었고, 몇몇 도시에서는 정식 레코드 유통구조를 통해서도 팔리고 있다고 한다. 왜 그들은 위험을 감수하고서 이런 일을 하는 것일까? 이유는 간단하다. 거기에 실린 노래가 좋고, 많은 대중들이 그의 음반을 원하기 때문이다. 대중의 요구와 작품의 감동력이 현행법의 벽을 넘어서는 순간이다. 그래도 그는 사전심의 철폐투쟁의 성과로서는 흡족하지 않다고 생각한다.

● 언론에서 크게 주목해서 기사가 많이 나간 편인데도, 대중들에게는 사전심의는 기본적으로 부당하다는 아주 기초적인 주장만 전달되었다고 봐요. 아직 사전심의가 왜 반드시 철폐되어야 하며, 거기에 대한 어떤 대안을 가지고 있는지 등의 우리의 논리가 충분히 설득력 있게 전달되었다고는 보기 힘듭니다. 일반 대중에게는 말할 것도 없고, 음반법을 개선하는 방향으로 개정하려는 정부에도 그래요. 사전심의가 60여 년이나 지속되어온 관행이었기 때문에, 가장 큰 피해자 중의 하나인 대중가요 창작자, 가수들 중에도 사전심의 철폐에 대한 두려움을 가지고 있는 사람이 꽤 있어요. 사전심의의 철폐에 대해 모두가 안심할 수 있어야 심의가 철폐될 텐데.
현행의 사전심의는 사실상의 검열이에요. 3년 이하의 징역이나 2천만 원 이하의 벌금이라는 형벌로 강제하는 사전심의제가 어떻게 '검열'이 아니라는 건지……. 이 가요 검열제 철폐를 반대하는 가장 큰 이유는 그것이 없어지면 저질 가요가 난무할 것이라는 거죠. 또 심의기구인 공연윤리위원회가

그것을 막아왔다는 겁니다. 거기에는 근본적으로 예술의 자유에 대한 몰이해와 소아병적인 윤리 의식이 자리 잡고 있고, 현재도 자체 사전심의를 하고 있는 각 방송사들의 자율성과 가요 수용자 대중의 문화에 대한 자정능력을 불신하는 심리가 깔려 있습니다. 또 그렇게 그 우려가 심각하다면 현재의 사전심의 규정들을 정리해서 사후 처벌 규정으로 바꾸라는 것입니다. 실정법에 의한 사후 책임을 물으라는 거죠.

그런 방식도 참 안타까운 일입니다마는 우리 사회의 문화예술에 대한 수용 능력이 그 정도 수준이라면 우선 그렇게라도 해두고 그 이후의 문제는 또 다른 차원의 논쟁으로 다루어 나가야 하겠지요. 사실 지금 우리 가요에 있어서의 문제는 이 정도로 천박한 상황입니다.

생각해 보십시오. 예술가가 그의 예술적 영감을 백지 위에 처음으로 표현하고자 할 때 그 영감에 충실하기보다 터무니없는 가요 창작의 금기사항들인 사전심의 규정들을 먼저 떠올려야 하고, 그 심의위원들의 취향이나 정서를 먼저 염두에 두어야 하니 제대로 된 노래가 나올 수 있겠습니까? 또, 그렇게 수십 년간 그 관행에 길들여진 우리 가요 작가들의 영감과 상상력이라는 것이 얼마나 보잘것없는 것이겠습니까? 그러니 우리 가사의 수준이 지금 이 모양이지요.

대중들 또한 검열제도에 주눅 들지 않고, 그것을 의식하지 않고 자유로운 상상력에 의해 만들어진 다양하고, 참신하고, 진실된 노래들을 들을 권리가 있는 것 아닙니까? 이제 그 권리를 찾아야 합니다.

사전심의 얘기가 나오니까 그는 그칠 줄을 몰랐다.

● 표절 문제도 그래요. 사전심의가 그걸 막아준다고 하는데, 표절은 당사자 간의 저작권 침해 분쟁입니다. 우리에게 저작권법이 없는 것도 아니고, 공륜은 그에 관해 개입할 아무런 법적 근거도 없을 뿐더러 또 그럴 필요도 없습니다. 당사자들이 법적으로 해결하면 되는 일이죠. 방송에서는 자체 판단으로 틀고 안 틀고 할 수 있는 일이고.
세상에 가요를 사전 검열하는 나라가 어디 있어요? 아무 데도 없어요. 그리고 다른 사람들은 가만히 있는데 유독 너만 그러느냐고…. 제가 할 일이 없어서? 과격해서? 천만의 말씀, 가요 검열제는 내게 있어서 가장 현실적인 고통이에요. 그래서 여러 불이익을 감수하면서 그걸 거부하고 철폐 운동을…….

'비지니즈맨'이라고 했던 그의 말마따나 인터뷰에서도 작품 내적인 이야기는 완전히 뒷전이다. 하지만 어떻게 하랴. 이 사회가 순박한 예술가를 이렇게 만들고 있는데.
사전심의 제도를 어떻게 할 것인가를 놓고 벌어진 텔레비전 KBS 〈심야토론〉 프로그램에 나가기 전날 그를 만났을 때의 생각이 나서 나는 혼자 웃었다. 그날 그는 현재 '음반 및 비디오물에 관한 법률'로 함께 묶여져 있는 음반법에 대한 문제점을 어떻게 정리할 것인가를 놓고 나와 한참 이야기를 하고 있었다. 그는 이야기에 정신이 없어서 비빔밥을 먹자는 이야기를 한다는 게 "점심이나 먹고 다시 얘기합시다. 요 아래 식당 비디오 맛있어"라고 말이 헛나와 버렸다. 우리는 그 '돌솥 비디오'를 다 먹을 때까지 내내 웃었다. 얼마나 정신이 없었으면 이랬겠는가.

『92년 장마, 종로에서』의 바깥 세상 풍경들

그는 할 말이 아직도 많은 듯했지만, 내가 서둘러 화제를 노래 이야기로 돌렸다.

○ 가장 애착이 가는 작품은 아무래도 타이틀곡 〈92년 장마, 종로에서〉이죠?

● 그렇죠. 하지만 노래 부르기는 정말 힘들었어요.

○ 이 곡은 내용상 그렇게 대중적인 작품일 수는 없을 텐데.

● 그건 그래요. 하지만 나는 이 곡을 타이틀곡으로 하고 싶었어요. 민주주의, 평등사회, 인간해방, 민족통일, 그런 가치들을 위해서 그간 열심히 노력해왔던 사람들에게 격려의 노래가 되면 그것으로 족해요.

축축하고 답답한 장마권의 종로, 비에 젖은 추레한 비둘기와 서양 여자아이 얼굴과 영어로 도안된 패스트푸드점 웬디스의 간판, 항상 그랬다는 듯이 표나게 분노하거나 절망하지도 않으며 우산을 내려쓴 채 그저 제각기 흘러가는 사람들의 모습을 87년부터 91년까지 격렬했던 종로 기리의 깃발 군중의 기억과 대비하며 그려나간 이 작품은 절망을 희망으로 반선시키는 계기가 좀 약하고 음악적으로도 그 축축한 분위기를 쉽게 뛰어넘지 못한다는 흠이 있지만, 그는 이 노래 속에서 한 시대가 그저 꿈처럼 흘러가 버렸다는 절망을 뛰어넘으려고 노력하고 있다. "다시는 / 다시는 시청 광장에서 눈물을 흘리지 말자 / 물대포에 쓰러지지도 말자" 대목의 자기 다짐은 절실하다. 그래서 그는 그 어떤 노래보다도 이 노래에 애착을 가지는 것일 게다.

이러한 절실함이 이 음반 전체의 아주 밑바닥에 깔려 있기는 하지만 그것을 드러내는 데에서 그는 『아, 대한민국…』에서와는 다른 모습으로 보였다.

이번 음반을 듣고 난 평론가로서의 나의 생각은 '세상 풍경을 노래로 그린 차분한 스케치'였다. 그는 『아, 대한민국…』에서 선지자 같은 목소리로 끓어오르는 분노를 노래했었다. 우리 사회의 전반적인 모순을 시종 반어적인 어조로 통렬하게 비판하고 분노하며 노래한 〈아, 대한민국…〉과, 선지자 같은 외침의 노래 〈일어나라, 열사여!〉는 이 시기 그의 작품의 최정점이었다고 볼 수 있다. 그리고 공연장의 최고 인기곡은 야당에서 여당으로 옮아간 김영삼 대표를 풍자한 노래 〈배반의 병아리〉였다.

그러나 이번에는 그러한 격렬한 분노와 외침은 없다. 아주 차분해졌다. 그리고 단호한 주장보다는 바깥의 풍경을 찬찬히 그려나간다. 〈L.A. 스케치〉나 〈사람들〉은 그 제목부터가 그렇다.

○ 〈사람들〉에서 그리고 있는 인물들은 형 주변의 실존 인물들이어서, 나처럼 '이 동네' 사람들이나 알아들을 텐데, 어떻게 이런 작품 만들 생각을 하셨는지?

● 한참 노래가 잘 안 만들어질 때, 슬럼프를 뚫고 나가면서 만든 노래예요. 확고한 주장이나 의견을 표명하고자 하는 생각을 일단 접어두고, 편하게 만들어보자 생각했습니다. 마치 일기 쓰는 것처럼 말예요. 지적하신 대로 대중적인 노래라기보다는 개인적인 노래랄까……. 그렇지만 전체적인 이미지는 꼭 그렇지도 않죠.

일반인들은 어떤지 모르겠지만, 거기 나오는 실존 인물들을 다 아는 나로서는 참 재미있는 작품이다. 게다가 작품 속에 나오는 천상병 시인이 돌아가시고 난 후여서 인사동을 드나들던 사람들에게는 여러 느낌들을 남겨준다.

이 작품은 이렇게 천연덕스럽게 마치 일기 쓰듯 자기 생활권 속의 인물들 이야기를 부담 없이 하는 듯이 시작한다. 하지만 이들 민족예술권의 인물, 민민운동하는 사람들과 소위 민중들의 모습은 주로 떠남, 죽음, 갇혀 있음의 이미지를 가지고 있어서 이 작품은 단순히 그의 개인적인 주변 사람들 이야기에 그치는 것이 아님을 느낄 수 있게 한다. 그리고 가면 갈수록 점점 넓은 곳으로, 다른 사람도 이해할 수 있는 대상으로 시야와 사고를 옮겨간다. 그것은 문승현, 김용태, 강요배 등 사람들에게 그리 잘 알려지지 않은 인물을 거쳐 노찾사 공연장의 사람들, 민방위교육장의 사람들, 농약 중독으로, 자살로, 쓰러지는 농민과 학생들, 그리고 철창 안의 양심수로 나아가며, 그것을 화려한 압구정동과 대비시킨다. 결국 그는 찬찬하게 주변의 이야기를 하는 듯하면서도 할 말을 다 하는 것이다.

스케치와 같은 작품은 이전 그의 작품에도 꽤 많았다. 〈촛불〉이나 〈사랑하는 이에게〉 같은 경향의 노래와 함께, 서술적인 가사로 외적 세계를 스케치하듯 그려내듯 하는 작품은 줄곧 그의 작품의 주요 경향이었다. 하지만 〈무진 새 노래〉에 이르기까지 그러한 작품들에 그려지는 외적 세계는 별다른 사회적 의미를 지니고 있지 않은 풍경과 풍물들이었고, 때로는 상상을 통해 그려낸 허구적인 세계이거나 자신의 내면을 드러내기 위한 외적 세계인 경우도 있었다.

하지만 이번 작품들에서 그려내는 세상은 사회적 의미를 지닌 세상이며, 따라서 그 스케치에 묻어 있는 세상에 대한 인식과 느낌도 청년기의 감상성을 극복하여 훨씬 폭넓고 성숙해졌다. 즉『아, 대한민국…』의 격정기를 거친 후 그는 다시 이전의 차분하게 바깥 세상의 풍경을 바라보고 스케치하듯 읊는 경향으로 가라앉았으되, 이전으로 되돌아간 것이 아닌 훨씬 성숙하고 발전된 다른 모습을 보여주고 있는 것이다.

이렇게 외적 세계를 스케치하듯 그려나가기 때문에, 작품에는 음악 외적인 소리들이나 풍경을 그려내기 위한 음악들이 의도적으로 삽입되는 경우가 많다. 예를 들면 〈사람들〉에서 천상병 씨 목소리 흉내나 민방위교육장 직원의 말, '노래를 찾는 사람들'의 노래들이 삽입된 것도 그렇고, 〈L.A. 스케치〉와 〈나 살던 고향〉에서의 풍물, 엥까(演歌), 남도 구음도 음악 자체가 바깥 세상의 어떤 것을 그대로 드러내기 위해 배치된 경우이다.

● 이런 걸 넣어야 할지 말아야 할지 고민을 많이 했어요. 〈사람들〉에서 말소리나 노찾사의 노래 같은 걸 넣는 게 의미가 뚜렷해지는 대신 음악적으로 지저분해지지 않을까, 혹은 〈L.A. 스케치〉에서 구태여 풍물 가락을 넣는 게 좀 설명적으로 보이지 않을까 그런 걱정이었죠. 해놓고 보니 아주 흡족하게 매끄럽지는 않지만 그래도 정돈이 된 편이고 의미도 분명해졌다고 생각합니다.

〈L.A. 스케치〉에서는, 제목이 저 멀리 미국의 로스엔젤레스인데 곡의 서두에 난데없는 꽹과리와 장구 등의 풍물 가락이 들어와 있어서 일단 음악적 호기심을 자극한다. 그리고 그 풍물이 잦아들면서 기타 반주에 맞추어 로스엔젤레스의 풍경을 그리는 그의 노래가 시작된다. 그 얼마 안 되는 풍물 가락이, 정태춘이라는 한 한국인이 미국에서 가장 한인이 많이 산다는 로스엔젤레스에 가서 이것저것을 구경한다는 설정을 충분히 설명해준다.

〈나 살던 고향〉도 그렇다. 일본 관광객을 묘사하는 부분에서는 전자올갠 반주의 엥까풍의 선율을, 우리 섬진강의 푸른 물결, 겁탈 당한 섬진강을 그리는 장면에서는 애절한 남도 구음을 덧붙인 남도 민요적 선율을 배치하

고, 마지막 부분에는 동요 〈나의 살던 고향〉을 엥까 느낌이 나도록 단조로 변주하여 동요 〈나의 살던 고향〉의 의미와 엥까로 변주된 느낌을 충돌시키는 충격을 던지며 마무리하고 있다.

그는 이제 음악으로 그림을 그리고 있는 것이다.

『아, 대한민국…』을 계기로 하여 바뀐 그의 작품세계는 이것만이 아니다. 그의 작품에 줄곧 등장했던 중심제재였던 '고향'의 의미가 드디어 바뀐 것이다. 이제 그에게 고향은 안타깝게도 잃어버린 과거나 돌아가야 할 아름다운 추억이 아니다. 이제 그는 현재의 시점에서 고향을 그리고 있다. 그 가장 대표적인 작품은 음반에 실려 있지 않은 〈도두리의 봄〉이다. 도두리는 그의 고향마을 이름인데, 〈얘기2〉 같은 작품에서도 등장하는 지명이다. 5년 전 작품집을 만들기 위한 첫 인터뷰 때 그는, 봄이면 황사바람 부는 황량스런 그 벌판이 펼쳐져 있고, 강과 바다가 만나는 그곳에 큰 황포 돛을 단 돛단배가 들어오는 걸 어릴 적에 보고 자랐다고 이야기했었다.

그는 『무진 새 노래』에서까지 끊임없이 과거와 고향에 대해 노래했고, 그것은 각박한 도시 문명에 비해 아름다웠다. 하지만 이제는 아니다. 〈도두리의 봄〉에서는 마치 예전의 자신에게 말을 하듯 "하지만 고향 생각 하덜 마슈. 이젠 여긴 당신네덜 로맨틱헌 고향이 아녀유"라고 잘라 말한다.

희망이 없는 농촌. 그의 고향의 현재의 실상은 바로 그것이다. 주인은 모두 바뀌고 모두들 고향을 떠나 서울로 가고, 남아 있는 사람들 중 몇몇은 농약을 마셨다. 이전에는 언뜻 비치고 지나갔던 드디어 평택 미군 부대의 모습도 생생하게 그려진다. 그래서 그는 이렇게 노래한다. "경기도 평택군 팽성면 도두리, 허나 이젠 거긴 내 고향이 아니야. ……미군 부대 기상나팔보다 먼저 깨서 일하는 동네 사람들이 진정 행복하지 않다면 아, 거긴 내 고향이 아니야." 앞에서 이야기한 〈나 살던 고향〉이나 〈저 들의 불을 놓아〉 같은 작품도 바로 그런 맥락에서 보면 흥미롭다.

음반 자켓에서도 고향과 시골에 대한 애착과 도시에 대한 혐오가 이번 음반을 계기로 바뀌었다는 것을 역력히 느낄 수 있다. 『무진 새 노래』 이전까지 그의 음반 자켓은 모두 자연풍경의 그림이나 농촌 토담집, 풀섶에서 찍은 사진이었다. 그러나 이번 음반 자켓 사진은 놀랍게도 종로 한복판이었다. 편곡의 질감도 이전보다 훨씬 도시적인 매끈함이 스며들어 있었다.

● 자켓 사진은 의도적인 것이었습니다. 나는 도시에 살고 있고, 또 이 복잡한 도시에서 많은 사람이 힘들게 살고 있는 게 바로 내가 노래해야 하는 현실이라는 생각이었죠. 소재가 농촌이더라도 그걸 보는 나의 시각, 나의 노래는 도시인의 시각이고 또 그 노래를 듣는 사람들의 대부분도 도시인이에요.

그래서 자켓 사진을 찍느라고 종로 한복판에 나갔어요. 사람들이 힐끗힐끗 쳐다보는 게 불편했지만 참고 사진을 찍었죠. 자켓에 나온 사진보다 더 잘 나온 사진도 있었는데, 내가 굳이 남산 타워가 나온 그 사진을 고집했습니다.

고향에 대한 생각의 변화는 그의 인식의 발전의 자연스러운 결과일 것이다. 그의 중심제재인 고향은 『아, 대한민국…』에서 잠시 자취를 감추었다가 이제 다시 다른 모습으로, 다른 시각으로 그려지고 있는 것이다.

이번 노래들은 『아, 대한민국…』에 비해 부드럽다.

○ 『아, 대한민국…』의 노래들은 의도적으로 격한 목소리로 불렀었는데, 이번에는 노래를 훨씬 곱고 잔잔하게 부르려고 노력하신 것 같아요.
● 그렇게 하려고 했는데, 잘 안됐어요. 이번 음반 녹음하면서 노래하기가

가장 어려웠어요. 그래서 제작 기간도 길어지고…….

노래를 만들 때도 신경을 많이 썼어요. 〈저 들에 불을 놓아〉에서 "뜨거운 낫을 꽂는다"는 구절을 넣을 것인가 말 것인가, 〈사람들〉에서 "입술 붉은 사람들" 부분을 넣을까 말까 많이 망설였어요. 망설이다가 '과격한 작가의 취향대로' 어쩔 수 없이 들어갔습니다.

'가수' 박은옥과 '가수' 정태춘으로서

이번 음반에 부드러운 분위기를 만드는 데, 박은옥 씨의 목소리가 크게 한몫을 했다.

○ 박은옥 씨는 오래간만에 노래하신 거죠?

● 음반 『무진 새 노래』 이후 5년 만이죠.

○ 그동안 주욱 혼자서 노래를 하면서 급격하게 변화를 하셔서, 사람들이 걱정도 많이 했어요. 어떤 격변기에 부부가 함께 동일한 방향으로 변화하는 게 쉬운 게 아닌데 특별히 어려운 일은 없었어요?

● 쉬운 건 아니죠. 하지만 특별히 어려운 고비 같은 건 없었어요. 그동안 많은 대화를 통해서 서로의 생각들을 충분히 공유하도록 노력했습니다. 대충 어물쩍 넘어가지는 않았고, 그렇다고 우격다짐도 아니었고요. 그러니까 이제 같은 공연장에서 노래를 부르게 된 거죠.

당연하다. 마음으로 불러야 하는 노래가 어물쩍이나 우격다짐으로 나오겠는가. 사실 이렇게 대화로 함께 변화할 수 있다는 것은 얼마나 행복한 일인가. 그는 정말 처복이 있는 사람이다.

사실 88년 이후 박은옥 씨는 부를 만한 노래가 없었다. 그가 지은 노래가 모두 격렬한 감정의 노래들이어서, 애잔한 바이브레이션의 박은옥 씨의 목소리와 이미지에는 적합한 노래들이 아니었다. 구태여 골라본다면 〈형제에게〉 정도를 부를 수 있을까. 그래서 정태춘의 아내로서가 아니라 가수로서의 박은옥은 더욱 그 변화된 상황에 적응하기 힘들었을 것이다.

그런데 이제는 정태춘 씨의 다소 과격한 이미지를 다시 부드럽게 만들어야 할 때가 되었고, 이 때에 맞춰 아주 적절하게 복귀를 한 셈이다. 〈저들에 불을 놓아〉와 〈비둘기의 꿈〉의 차분하고 애절한 목소리는 확실히 이 음반을 돋보이게 했다. 전화위복이라더니 또 이렇게 되는 수도 있구나 싶었다. 이거야말로 굉장한 처복이 아니겠는가.

● 안타까운 것은, 이번에도 박은옥 씨한테 꼭 맞는 좋은 노래를 만들어주지 못한 거예요. 그게 항상 미안해요.

그렇다. 그에게 박은옥 씨는 아내이며, 듀엣의 파트너일 뿐만 아니라 자신의 곡을 불러주는 가수이다. 작곡자로서 가수 박은옥에게 해주어야 할 일을 하는 것, 그것은 앞으로 계속 남은 그의 숙제 중의 하나일 것이다.

계속 남은 그의 숙제들

○ 대중가요권에는 어떻게 다시 진입할 생각입니까? 혹시 다른 언더그라운드 가수들처럼 소극장 장기 콘서트 같은 걸 계획하고 계십니까?

● 콘서트 욕심은 있죠. 그런데 소극장 장기 콘서트는 이제 힘이 부쳐서 못 하겠어요. 본격적인 대극장 공연으로 정태춘·박은옥 콘서트를 하고 싶어요. 사실 이 음반 기획할 때부터 공연 생각을 하고 있었습니다. 그런데 대극장 공연을 하려고 생각하다 보니 이것저것 많이 보여주고

싶은 욕심이 생겨서, 음반 만드는 바쁜 와중엔 못하겠더라고요. 94년 봄쯤에는 해야 하지 않을까 하는 생각입니다.

○ 방송 쪽은 어떻게 생각하십니까?

● 저번에 〈노영심의 작은 음악회〉 프로그램에 나갔었어요. 텔레비전에 나가서 노래 부른 것은 정말 오래간만이었죠. 기회가 있으면 나갈 생각입니다. 그런데 여러 방송국에 오래간만에 가보니까, 그간의 활동들 때문에 그동안 나에 대한 인식이 완전히 달라진 것 같다는 걸 느꼈어요. 이제 날 그냥 대중가요 가수로 보지 않는 것 같아요.

○ 재야 민주인사 보듯 해요?

● 좀 그래요. 그런 저에 대한 시각이 방송 출연에 걸림돌은 될 수 있겠죠. 그래도 저는 노래가 좋으면 된다는 생각이 있습니다. 그런 자신감은 있어요.『무진 새 노래』를 만들 때만 해도 자신감이 없었어요. 과연 이런 종류의 노래를 틀어 줄 것인가 하는 불안감을 갖고 있었죠. 그런데 이제는 그런 건 극복했습니다.

맞는 말이다. 이제 대중의 의식이 조금은 변해서 이런 노래를 요구하는 대중도 많고, 방송에서도 다양한 취향의 노래문화를 흡수하는 방향으로 조금씩 나아가고 있기 때문이다.

○ 요즘 대중가요는 많이 들으세요? 요즘 청소년들이 좋아하는 가요들에 대한 생각은?

● 이것이 한국의 가요다 할 만한 중심 문화가 없다는 생각이 들어요. 보통의 많은 사람들이 함께 향유할 만한 가요가 중심에 자리를 잡지 못했

으니까, 10대의 노래가 한번 히트를 하면 마치 중심적인 노래이고 가요 문화 전체인 것처럼 전체를 뒤흔들어 버리잖아요. 사전심의 제도 같은 통제가 건강한 중심 문화 형성을 가로막는 데 큰 역할을 했죠. 사실 청소년 가요가 좀 감각적이고 자극적이라고 해도, 중심의 문화를 뒤흔들지만 않는다면 그렇게 문제가 되지는 않을 겁니다. 그런 게 없는 게 문제죠.

○ 최근 기성 가요계에 활동하던 가수들이 재야의 집회장이나 집회적 성격의 공연장에서 노래를 부르는 경우가 늘어났는데, 이런 현상은 어떻게 보십니까?

● 일단은 좋은 일이죠. 앞으로는 그런 일이 더 많아질 겁니다. 자꾸 오다 보면 변화의 가능성이 생기는 거니까요. 한 가지 걱정스러운 것은 그러한 참여가 사회운동의 본질에 얼마나 접근해 나가는 것으로서의 연대와 참여이냐 하는 것입니다. 하지만 아직은 그렇지는 못한 것으로 보입니다. 대중가요 가수가 일회적으로, 얼굴이나 몸만 오는 게 아니라, 사회운동 진영에 지속적인 관심을 가지고 작품으로까지 영향을 주고받을 수 있어야 하죠.

앞으로의 신곡에 대해서 묻는 말에 "아직은 잘 안되지만 이번 음반보다 더 다양한 노래로 채우고 싶다"고 하는 그는 마지막으로 국악의 문제를 이야기했다.

● 계속 남는 큰 숙제는 국악 쪽의 작업입니다. 제3세계의 노래를 들으면서, 그네들의 노래에 자기 나라, 자기 민족의 독특한 색깔이 있는 것을 보고 많은 생각을 하게 되더군요. 기타를 치든 무슨 악기를 쓰든 우리는 우리의 색깔을 만들어내야 하는 거죠. '기타 반주에 경쾌한 국악이 붙는다?' 이런 생각도 해요. 끈적끈적하고 축축 처지는 국악이 아니라,

경쾌한 느낌의 음악을 만들고 싶어요. 이것은 물론 저만의 고민은 아닙니다. 많은 분들이 이런 고민을 해요. 특히 젊은 층들에게 그런 노래를 가져가고 싶은데, 아직은 적절한 레퍼터리가 흡족하게 만들어져 있지는 않지만······.

〈송아지 송아지 누렁 송아지〉 연세대 백주년 기념관 공연 때, 직접 가야금을 타면서 노래를 해서 사람들을 놀라게 했던 것이 생각났다. 나이 들어서도 가야금을 배우는 노력을 아끼지 않은 그의 성실함이 보기 좋았다.

그는 참 성실하다. 성실하니까 이렇게 자신을 과감히 바꿀 수 있는 것이고, 계속 새롭게 나아갈 것이다. 인터뷰를 마치면서 나는 그의 또 한 단계의 변화가 성공적으로 이루어졌다는 안도감을 가질 수 있었다.

3. 앨범 리뷰 "92년 장마, 종로에서"

"92년 장마, 종로에서"

종로 거리의 독립군

전유성 개그맨, 개그작가

정태춘이 서울 종로에서 신호등을 바라보고 있을 때, 종로 토박이 전유성이는 뭘 하고 있었나!

정태춘이 "모두 우산을 쓰고 횡단보도를 지나는 사람들"을 보고 있을 때, 문득 화신백화점이 없어진 것을 발견했고 화신극장에서 영화 보던 생각을 했고, 종로에 있던 '참다방' 앞에서 싸우다가 맞았던 일이 생각났다.

종로에서 정태춘이 "고가차도에 매달린 신호등 위에 비둘기 한 마리"의 몸짓을 유심히 보고 있을 때, '우미관' 옆에 '벌판'이라는 분식집에서 기도 보던 '돼지'가 지금은 그 근처에서 큰 술집 주인이 됐다는 소식을 들었으며, YMCA 건너편 초가집으로 지은 막걸리집의 주인 아들이 당구장을 한다는 소식을 접했고, 인사동의 기홍이는 전통찻집을 하다가 팔고 '바람 부는 섬'이라는 레스토랑을 한다고 하더니 어느 날 갑자기 '황성옛터'라는 설렁탕집을 하는가 했더니 어느새 영동에서 가라오케를 한다는 소식을 들었다. (근데, 동에 번쩍 서에 번쩍한다는 홍길동이 왜 생각나는 걸까?)

정태춘이 종로에 있는 "빌딩의 웬디스 햄버거 간판을 읽고"있을 때, 'YMCA다방' 총무를 때려 주던 생각을 떠올렸으며 'YMCA다방' 미스 김이 생각났고, 어쩌다 공돈이 생기면 하이볼이라는 정체불명의 값비싼 음료수를 시켜 마셨던 기억을 떠올렸다.

정태춘이 "신호등에 멈춰 서는 시민들 우산 위에" 떨어지는 빗소리를 듣고 있을 때, 오늘은 누구를 만나게 될까 싶어 '희다방'으로 '명다방'으로 '로방다방'으로 마치 고아원 원장이 제 새끼들 찾아다니듯이 "우리 애들 안 왔어요?" 하고 외치며 이리저리 다녔던 (개처럼……) 기억이 났다.

정태춘이는 "맑은 날 손수건을 팔던 노점상"의 주름진 손등을 보고 있을 때, 나는 저기 있는 가게 자리가 옛날에 뭐였더라, 뭐였다가 뭐였는데 지금은 뭐가 됐다를 마치 역사 연대표를 외우는 것처럼 외우고 다녔다.

정태춘이가 "파란 하늘이 열리면" "남산타워 쯤에선" "저 구로공단과 봉천동 북편 산동네 길"도 보일 것이라고 기대할 때, 종로의 땅값에 대해서, 어느 레스토랑의 보증금에 대해서, 권리금에 대해서 소개해 준 복덕방이 어디며 복덕방 구전이 얼마였는가를 아는 것이 자랑인 양 떠들어댔었다. 마치 만주 벌판에서 일본 놈들이랑 싸운 얘기를 하듯 떠벌여댔었다.

그래! 맞다!

만주 얘기가 나와서 생각이 났는데 만약에 태춘이와 내가 일제시대에 만주에 있었다면 무얼 했을까? 나는 아마도 만주에서 개장사나 하고 있지 않았을까? 태춘이가 독립운동을 하는 독립군으로서 군자금을 나르거나, 도시락 폭탄을 들고 어느 강연회장으로 가 있을 때 말이다.

지금 생각해 보면 만주 독립군의 후예, 이 시대 마지막 독립군이 정태춘이 아닌가 하는 생각이 든다. 왜냐하면 아무도 신경 쓰고 있지 않는 '가요 사전심의 제도 철폐'를 혼자서 외롭고 쓸쓸히, 군자금 하나 없이 부르짖고 있기 때문이다.

우리 모두 독립군에게 3. 3. 7 박수를 보내자.

독립군 이겨라!

브이아이시티오알와이(VICTORY)!!

이야기 노래의 감동

이장호 영화감독

일전에 '정치수배 해제를 위한 시와 노래의 밤'에서 나는 정태춘의 새로운 노래를 들었다. 〈나 살던 고향〉이란 제목의 그 노래를 들으면서 이미 오래전부터 외화를 벌기 위해 이 땅의 딸들을 팔아야 했던 3, 4, 5, 6공화국, 그리고 아직도 계속되고 있는 참으로 얼굴 화끈한 경제성장 주제의 타령이 이제야 완성이 되어 때늦은 유행가처럼 을씨년스럽구나 하는 씁쓸한 감회를 씹었다.

육만 엥이란다
후꾸오까에서 비행기 타고
전세버스 부산 거쳐, 순천 거쳐
섬진강 물 맑은 유곡나루
아이스박스 들고 허리 차는 고무장화 신고
은어 잡이 나온 일본 관광객들
삼박사일 풀코스에 육만엥이란다

그날은 정태춘이 직접 자기 기타를 들고 나와 반주를 했다. 그 후 얼마 안 있어 지리산 산행을 위해 타고 가던 기독교방송국 허미숙 편성부장의 차에서 정태춘의 이 노래를 또다시 듣게 되었다. 그런데 전혀 다른 감동이었다. 마침 전라도 땅이었다. 구불구불 고갯길조차 청승스러운 구례 가는 길에서 정태춘의 새로 나온 카세트테이프에서 나오는 〈나 살던 고향〉은 갑자기 내 머릿결을 쭈뼛하게 곤두세우더니 느닷없는 감동의 소용돌이로 나를 휘

몰아 넣는 것이 아닌가. 바로 아쟁 소리 같은 구음 살풀이던가, 아니면 피맺힌 판소리였던가(?)가 정태춘의 그 음울한 탁성을 받쳐주는 대목이었다.

초가지붕 위로
피어오르는 아침 햇살
신선하게 터지는 박꽃 넝쿨 바라보며
리빠나 모노 데스네 리빠나 모노 데스네
낚싯대 접고 고무장화 벗고
순천의 특급호텔 싸우나에 몸 풀면
긴 밤 내내 미끈한 풋가시내들
써비스 한번 볼 만한데, 음, 음
환갑내기 일본 관광객들
칙사 대접 받고, 그저 아이스박스 가득가득
등살 푸른 섬진강 그 맑은 몸값이
육만 엥이란다

그날 나를 울렸던 그 테이프의 정태춘의 노래는 "나의 살던 고향은 꽃피는 산골"하고 끝은 냈지만 "좆돼 부렀다"는 빠져 있었다. 섭섭했다.

나는 아주 못된 버릇을 갖고 있는데 사람을 외모로 파악하는 버릇이다. 영화감독 20년을 그렇게 아마추어 관상쟁이로 자처하면서 배역들을 정하고 일꾼들을 골라 함께 영화를 만드는 일을 해왔는데, 그 못된 관상을 보는 버릇에 의하면 정태춘은 원래는 베잠방이 걷어붙인 농부요, 이농한 도시 노동자의 전형적 모습이다. 그러나 그는 서늘한 눈매와 지적인 이마를 갖고 있어 청년 박정희처럼 야망을 깊이 숨긴 가난한 시골 사범학교 출신의 선생님과 같은 모습도 있다. 또 턱이 완강하여 의지가 강하고 공익을 위해선 강인한 희생정신을 소유하고 있는 그런 인물로 보이므로 만약 음악극 〈전

태일〉의 그 짧고 뜨거운 생애를 맡을 사람이 필요하다면 바로 정태춘이 밖에 없다. 단 10년은 젊게 보여야 한다.

최근에 이렇게 한가한 생각을 하고 있는데 정태춘은 과연 일을 한판 벌이고 나섰다. 문화운동 측면에선 황무지 같은 가요계에 마치 개간꾼처럼 정태춘이 나섰다. 이름하여 가요의 사전심의 거부이다. 얼마나 힘찬 발걸음인가! 그의 침착하면서도 투박한 육성대로 "일제시대로부터 시작하여, 해방 후 미군정 하에서도, 그 후 박정희 정권과 전두환, 노태우 정권하에서도 포기되지 않았던 레코드에 대한 당국의 사전검열제도가 지금 문민정부에도 엄연히 시행되고 있고, 그간 우리 음악예술인들은 부끄럽게도 그 검열의 틀 안에서 창작행위를 해올 수밖에 없었습니다"라는 사실은 비단 가요계뿐만의 문제가 아니어서 우리 영화 만드는 사람들도 무척 부끄러워하고 치를 떠는 현실이다.

그런데 가요계의 십자가를 스스로 짊어진 서른아홉의 정태춘이 "지난 91년도에 발표했던『아, 대한민국…』음반과 마찬가지로 반민주적·반문화적인 당국의 검열 장치의 철폐를 강력히 주장하고 그 부당성을 다시 한번 국민들께 널리 알리기 위해 법률에 의한 당국의 사전심의를 거부하고 부득이 비합법으로 제작·발매하게 되는" 외로운 투쟁의 음반에 바로 내가 앞에서 얘기한 〈나 살던 고향〉이 수록되어 있다. 그 감동을 직접 들어서 맛보시기 바란다.

당당하게 더 많은 대중 속으로

손석희 문화방송 아나운서

88년이던가 5공 청문회가 막바지에 이르렀던 그해 연말, 내 기억으로 12월 30일에, 모 방송사에서는 누구도 예상치 못했던 영화 한 편을 주말의 영화로 방영했다. 같은 시간에 다른 방송사에서는 '라이언 오닐'이 나오는 삼류급 코미디 영화를 내보냈기 때문에 그 영화가 더욱 돋보이기도 했었지만, 무엇보다도 바로 다음 날 전두환 씨가 출두하는 국회 청문회가 예정되어 있었으므로 그 영화의 방영은 일종의 충격이었다.

〈산티아고에 비가 내린다(The Rain on SANTIAGO)〉. 칠레의 우익 쿠데타를 다룬 이 영화가 하필 그 시점에 방송됐다는 것은 그러잖아도 격변기에 휩쓸리던 우리에게 온갖 정치적 상상력을 동원하게 하였다. 그러나 그것은 그보다 한해 전의 대통령 선거 직전에, 같은 방송사에서 방영한 〈킬링필드〉라는 공포영화(!)가 어떤 이유에서 전파를 탈 수 있었는가를 따지는 것과는 비교도 안 되게 복잡해 보여서 솔직히 지금까지도 어떻게 그 영화가 그날 방영될 수 있었는가에 대한 결론을 내리지 못하고 있는 편이다. 그저 우스갯소리로는, 아마 영화제목만 보고 (얼핏 애정 영화 같기도 하니까) 별생각 없이 방송했을 거라고들 하지만……

각설하고, 정태춘을 얘기하는 데 왜 영화까지 들먹이는가. 그 영화에 바로 칠레의 고통 받는 민중들을 대변하는 가수 '빅토르 하라'가 나오기 때문이다. 영화는 일 분 정도 밖에 안 되는 짧은 시간 동안 그를 등장시키지만 노래가, 그리고 그 노래를 창조해내는 가수가 국민적 정서를 표출하는 데 얼마나 중요한 역할을 할 수 있는가를 웅변적으로 말해준다.

우리에게 빅토르 하라는 누구인가? 본인들은 어찌 생각할지 모르겠으나 70년대를 살아간 사람들에겐 김민기일 것이요, 80년대와 90년대를 살아가는 사람들에겐 아마도 정태춘이 될 것이다.

나는 그의 노래나 삶에 대해 평자적(評者的) 입장에 있지 못하므로 그가 어떤 개인사적 변천 과정을 거쳐 지금의 위치에 와 있게 되었다든가, 더불어 그의 노래들이 어떤 모습으로 그 변천 과정에 부합되고 있는가 등에 대해서는 심도 있게 얘기할 수도 없고 그럴 능력도 갖고 있지 않다. 다만 멀리서, 혹은 가까이서 본 그에 대해 피상적으로나마 얘기할 수 있는 부분은 있으리라.

내가 그의 존재를 안 것은 물론 1978년에 〈시인의 마을〉과 〈촛불〉이 나오면서였다. 〈촛불〉의 경우 흔히 있을 수 있는 연가였지만 〈시인의 마을〉은 그때까지의 대중가요와는 사뭇 다른 모양의 노래였으므로 세인들의 관심을 모으기에 충분했고 나 역시 그런 사람들 중의 하나였다. 그러나 나는 그 이후의 그의 활동에 대해서 특별한 관심을 갖지 못하였다. 분명히 그의 노래는 관심을 갖고 들어볼 만한 것이었지만, 한창 바삐 돌아가는 20대의 변화기엔 대중가요에 흥미를 느낄 수 없었다는 게 핑계라면 핑계일 것이다. 단지 그 중간 어디쯤에선가 그가 발표한 〈떠나가는 배〉와 〈북한강에서〉를 들었고 그의 노래가 아직까지도 나름대로의 '고민'과 '품격'을 잃지 않고 있다는 걸 느꼈을 뿐이었다.

그러다가 올림픽이 끝나고 사람들의 관심이 온통 국회 청문회로 옮겨가 있을 쯤에, 다시 상기해보자면 '빅토르 하라'가 용케도 안방극장을 통해 얼굴을 내밀었던 그때 쯤에 나는 어느 잡지를 통해서 정태춘이 이제까지와는 뭔가 다른 일을 꾸미고 있다는 것을 알았다. 흔히들 그가 결정적으로 변화하게 된 계기라고 하는 〈송아지 송아지 누렁 송아지〉의 공연이 시작됐던 것이다. 그가 표현해온 고향에 대한 그리움이나 방황, 그리고 어떤 내밀한 오기의 차원을 넘어 이젠 '저항적'인 기미마저 띤 제목의 그 공연은 한동안 계속되는 모양이었지만 나는 한 번도 가보지 못하였다. 따라서 그의 노래가 어떤 내용으로 채워지는지도 알지 못하였다.

그가 일 년 동안 전국을 돌아다니며 그 공연을 다 끝내고 우리 노조의 창립기념행사에 나타났을 때에야 나는 그의 노래를 비로소 만날 수 있었다. 그를 직접 본 것도 처음이거니와 나는 딴판이 되어버린 그의 노래에 좀 당황하지 않을 수 없었다. 내가 〈시인의 마을〉을 안지 10여 년 만에 나타난 그는 자그마한 보면대 위에 빽빽이 채워진 '독설'을 쉬지 않고 노래로 옮기고 있었다. 나는 그제서야 그가 왜 오랫동안 상업적 공백기를 거친 끝에 이런 모습으로 나타났는지를 좀 더 관심을 갖고 가늠해보기 시작했다. 누군가는 농담 삼아 그의 변신을 가히 코페르니쿠스적 전환이라고 말하기도 했지만 나는 그가 기실 초기의 노래들에서부터 전환의 가능성을 내포하고 있었다는 생각이었다.

그럼에도 그의 변화된 노래를 처음 들었을 때 나는 혹 그가 자신의 노래에 너무 많은 힘을 담아내려 하는 게 아닌가 우려되기도 하는 것이었다. 이런 우려는 그 이후 그의 노래를 좀 더 접하면서 많이 씻겨졌고, 특히나 다음 해인 90년 봄에 아내와 함께 찾은 어느 공연장에서 그가 부르는 〈우리들의 죽음〉을 대하고는 그의 노래가 갖는 특별한 역할에 거의 전적으로 동의하게 되었다. 여기서 내가 '거의'라는 단어를 구태여 붙인 것은 그에 대한 내 나름의 욕심이 더 있어서이다. 가령 그가 갖고 있는 탁월한 음악적 역량을 좀 더 음악 자체에 쏟아달라는 따위의 요구는 전문가들의 몫으로 남겨 두더라도, 청중의 한 사람인 나는 그가 더 많은 사람들에게 가까이 갔으면 하는 소박한 바람을 가졌던 것이다. 그는 혹 지금까지 한정된 대중만을 상대로 자위적 음악을 추구해온 것은 아닐까? 이것은 그의 노래가 갖고 있는 방향성이나 표현 방법의 면과 연결돼 있어서 말하기가 무척 조심스러운 부분이긴 하다.

나는 최근의 변화하고 있는 상황 속에서 (그것이 본질적인 것이든 아니든 간에) 혹 방황하고 있을 많은 이들에게 우리가 추구해야 할 것이 무엇이고 지켜내야 할 것이 무엇인가를 그의 노래가 선도적으로 제시해야 한다고 믿는다. 지금의 변화하는 정치·사회적 상황에서 그의 노래가 한정된 대중만의 집단적 카타르시스를 끌어내는 데 더 비중을 둔다면 그것은 매우 무모한 일로 보인다. 이 말은 그의 노래가 갖고 있는 역할을 강화시켜야 한다는 것이지 전체적인 방향성을 수정해야 한다는 것은 물론 아니다. 나는 그의 노래가 '보다 많은 대중 속으로' 들어갈 수 있는 '통로'를 찾기 위해 '변화' 해야 한다면 거기에 동의할 것이다. (앞서 내비쳤듯이 근본적 토대의 자리바꿈을 말하는 것은 아니다.)

그가 이번에 내놓은 음반을 대하면서 내 소회가 각별한 것은 그 때문이다. 그 중의 몇 곡(〈사람들〉 같은)은 이미 연전에 접해봤었고 그때부터 나는 그가 새로이 시작한 고민을 엿볼 수 있었는데, 지금 우리 앞에 던져진 그 결과물은 그가 이제 어렵게나마 방황과 극복의 과정을 거쳐 또 다른 여정의 출발선에 서 있음을 보여준다. 그리고 그는 무척 그 다운, 그만이 할 수 있는 방법으로 첫걸음을 떼었다. 심의거부이다. 나는 그만의 방법이 가져다줄 역효과에 대해 걱정하기도 했으나 그것은 조급한 단견일 수도 있다. 그가 이제 출발하는 여정에는 정치적으로 관제적인 규제의 철폐 또한 포함돼 있을 것이고 그것이 이루어졌을 때 그는 보다 당당하게 대중 속으로 들어갈 것이므로.

일전에 그와 통화했을 때 나는 여담 삼아 물어보았다.

"아직도 옛날 노래는 부를 생각이 없는 거요?"

그의 대답은 이랬다.

"아니, 부를 필요가 있으면 부를 수도 있는 거지."

나는 그가 빛나는 자존심과 함께 갖게 된 여유를 존중하고 싶다.

걸쭉한 풍자와 절절한 서정정신

김창남 대중문화 평론가

불법음반이란 말은 두 가지 전혀 다른 세계와 연관된다. 한편으로 그
것은 길거리 요소요소에 자리 잡은 채 요란스레 〈사는 게 뭔지〉나 〈애모〉,
〈하여가〉를 틀어대는 리어카와 그 위에 즐비하게 전시된 싸구려 복제음반
아니면 청계천 뒷골목에서 은밀히, 그러나 세상이 다 아는 방식으로 유통
되는 음란비디오 따위를 연상시킨다. 그러나 한편으로 그것은 제도적인
폭력에 당당히 맞섰던, 그렇기 때문에 '제도적으로' 절대로 용납될 수 없었
던 저항과 해방의 목소리를 담은 일련의 민중가요 문화의 흐름에 연관되
기도 한다. 김민기의 걸작 〈공장의 불빛〉이 불법음반의 문화적 가치를 확
인시킨 이래, 불법음반의 역사는 우리 노래 운동의 역사를 대변한다. 앞의
'해적판' 문화를 괄호치고 생각한다면 우리나라 불법음반의 역사는 우리
문화사의 매우 자랑스럽고 당당한, 많지 않은 부분 가운데 하나인 것이다.
'불법'이기에 더욱 당당하고 자랑스러운 것, 이 '불법음반'의 역설이야말로
우리 문화사의 비극이자 희극이다.

정태춘이 또 한 장의 음반을 냈다. 가수가 음반을 내는 것은 당연한
일인데도 특별한 관심의 대상이 되는 것은 그의 음반이 공륜의 심의를 받
지 않은 이른바 불법음반인 까닭이다. 그 불법음반의 당당한 역사에 대중
가수 정태춘이 또 하나의 목록을 추가하고 있는 것이다. 그의 불법음반은
이번이 두 번째이다. 지난 90년에도 그는 심의를 거치지 않은 채『아, 대
한민국…』이라는 제목의 테이프를 제작하여 화제를 모은 바 있었고, 이제
몇 년이 지난 지금 다시 『92년 장마, 종로에서』라는 제목의 불법음반을
내놓고 있다. 적어도 수년 전 그가 보여준 행동이 그저 일회적인 해프닝

이거나 돈키호테식 발상에 의한 것이 아님을 그의 의연한 두 번째의 실천에서 확인할 수 있다.

　그러나 정태춘의 새 음반에 대한 관심이 이 음반의 불법성과 제도에 대한 저항이라는 전략에서만 이해되는 것은 온당치 않다. 그보다 더 중요한 것은 한 사람의 창작자로서 정태춘이 이루어내고 있는 음악적 성과에 있다. 80년대 말 정태춘이 실천적인 노래 운동가로 변신을 보여준 이래, 그의 작품은 놀라운 속도로 변화하였고 놀라운 성취를 보여주었다. 그가 첫 번째 불법으로 공개하였던 『아, 대한민국…』은 그가 보여준 놀라운 변신의 한 정점이었다. 『아, 대한민국…』에서 사회 정치적 현실에 대한 분노를 다소 직설적이면서 공격적인 어조로 노래했다면 지금 새로 선보인 노래들에서 그는 한층 성숙한 목소리를 차분하게 들려준다. 우리가 정작 눈여겨보아야 할 부분이 그것이다. 『아, 대한민국…』의 노래들 대부분이 심의에 통과하기 어려운 노래들이었고, 그래서 다소 불가피하게 '불법'으로 갈 수밖에 없었다면, 『92년 장마, 종로에서』의 노래들은 대부분 심의를 통과할 수 있는 노래들임에도 그는 여전히 '불법'이기를 고집하고 있는 것이다. 그의 목소리는 낮아지고 차분해졌지만 그의 치열한 의식은 더욱 강고해지고 근원적인 것으로 바꾸어가고 있는 것이다.

　새 음반에서도 정태춘은 결코 녹슬지 않은 풍자 의식과 날카로운 현실 인식을 보여준다. 『아, 대한민국…』의 풍자가 지배층의 허위와 기만에 대한 비타협적인 공격성을 특징으로 하고 있던 반면 이번 음반에서 그의 풍자성은 매우 일상적인 영역에까지 확대되고 있고 날카로운 공격의 비수를 전면에 드러내기보다는 일상의 풍경 뒤에 슬쩍 감추어 놓고 있다. 이러한 변화는 세상을 바라보는 그의 시선이 그만큼 성숙하고 깊어졌음을 의미하는 것으로 이해된다. 매우 일상적인 관계 속에 숨어 있는 현실의 의미를 꿰뚫어 보는 그의 날카로운 시선이 곳곳에서 빛을 발하고 있음을 느낄 수 있기 때문이다.

실재인물들이 실명으로 등장하는 〈사람들〉 같은 노래는 정태춘만이 할 수 있는, "역시, 정태춘!"이란 소리가 나오게 만드는 작품이다. 내 기억으로 실재인물들의 이름이 이런 식으로 등장하는 노래는 우리나라 대중음악 역사상 거의 처음이 아닌가 싶다. 이런저런 이유로 노래가 될 수 없었거나 노래가 될 수 없다고 믿어져 온 것들을 재료삼아 훌륭한 노래를 만들어내는 것은 역시 그 다운 솜씨이다. 이 노래에서는 문승현, 김용태, 천상병 등 인물들과 민방위 훈련장, '노찾사' 공연장 등 그가 살면서 만나는 일상의 공간이 담담하게 스케치된다. "작년엔 만 삼천여 명이 교통사고로 죽고……죽고 죽고 죽고 지금도 죽어가는" 그 죽음의 행렬마저도 그저 담담한 스케치처럼 감정이 배제된 신문 기사처럼 지나가지만, 이어지는 구절이 단단한 일상의 풍경을 비수처럼 날카롭게 후벼판다.

압구정동엔 화사한 꽃이 피고
저 죽은 이들의 얼굴로 꽃이 피고
그 꽃을 따먹는 사람들
입술 붉은 사람들
아, 사람들

"이제 집 사기는 다 틀렸네, 더런 놈의 세상"이라고 외쳤던 『아, 대한민국…』 시절의 칼날이 강하지만 무딘 것이었다면 지금 그가 보여주는 풍자의 칼날은 작지만 비수처럼 날카롭다. L.A. 한인촌 주변의 풍경을 굿거리장단으로 스케치하면서 코메리칸들의 삶의 한 단면을 그려 보이는 〈L.A. 스케치〉 역시 그런 점에서 〈사람들〉과 동렬에 놓일 작품이다.

트로트 리듬을 사용하면서 일본인의 기생관광을 풍자하고 있는 〈나 살던 고향〉도 정태춘의 자유분방한 실험정신을 느끼게 해주는 인상적인 작품이다. 여기서 트로트는 그것이 가진 왜색이라는 함의를 통해 일본인의 기생

관광을 풍자하는 수단이면서 그 자체로 풍자의 대상이 된다. "나의 살던 고향은 꽃피는 산골"까지도 왜색으로 일그러뜨리는 트로트의 정조는 섬진강 맑은 물을 기생관광으로 더럽히는 일본인들과 사실상 한 몸이다. 노래를 듣는 우리들은 노랫말에 웃음을 터뜨리면서 순간순간 난처한 느낌을 경험하게 된다. 우리는 이 노래를 열심히 배워 따라 불러야 옳은가, 아닌가? 이런 부분에서는 일말의 냉소주의가 느껴지기도 하지만 정태춘의 시·음반을 가로지르는 기조는 역시 냉소주의와는 거리가 멀다. 종로 거리 한복판에서 비둘기 훨훨 날아오르는 희망을 절창으로 노래하는 〈92년 장마, 종로에서〉나 사람들 얼굴마다 삶의 기쁨과 긍지 충만한 살 만한 세상을 꿈꾸는 〈이 어두운 터널을 박차고〉를 들어보면 그것을 알 수 있다.

걸쭉한 풍자의 입담이 정태춘 세계의 한 축이라면 또 하나의 축은 역시 아름다운 서정성의 세계이다. 〈비둘기의 꿈〉과 〈저 들에 불을 놓아〉는 이런 서정적 아름다움의 맥을 잇는 빼어나게 아름다운 곡들이다. 그 아름다움에는 황량한 고향 농촌의 모습과 총 맞아 쓰러지는 비둘기처럼 내몰리는 청소년들의 처연한 모습이 녹아 있다. 박은옥의 목소리만큼 이 노래들의 아름답고 슬픈 느낌에 어울리는 목소리가 또 있을까?

빠르고 급한 호흡으로 내달려왔던 작가로서의 한 시기가 이번 『92년 장마, 종로에서』를 통해 정리되면서 정태춘은 또 한번의 새로운 단계를 맞게 되는 게 아닌가 싶다. 그 스스로 노래하듯 "비에 젖은 거리 위로 사람들이 흘러"가며 "우리들의 한 시대도 거기 묻혀 흘러"가는 속에 그 자신도 서 있는 것이다. 분명한 것은 그가 새롭게 갈 길이 어느 쪽이든 그 특유의 걸쭉한 풍자와 절절한 서정정신이 살아 있는 한 그는 여전히 그다운 무게로 우리 곁에 남아 있으리라는 것이다.

민중의 가슴에 바치는 무상의 공양

염무웅 문학평론가, 영남대 교수, 사단법인 민예총 이사장

정태춘은 나에게 가수이기보다 탁월한 시인이다. 그의 노랫말은 음악적 표현의 일부를 이루기도 전에 벌써 심금을 울리고 폐부를 찌른다. 지난 90년도 음반『아, 대한민국…』중의 노래 〈한여름 밤〉. "한여름 밤의 서늘한 바람은 참 좋아라"는 첫 행을 읽는 순간에 나는 감전이 되듯이 살갗에 소름이 돋는 것을 느꼈다. 그것은 오랜 기억의 지층을 뚫고 나와 "온갖 이기와 탐욕에" 찌든 우리의 심신에 신선하기 짝이 없는 충격으로 다가온다. 물론 여기서 "서늘한 바람", "고요한 정적", "시원한 소나기", "빛나는 번개"는 단순히 목가적 전원풍경을 위한 소도구가 아니다. 그것들은 인간의 본래적 삶과 연결된 응당한 자연 활동의 일부로서 오늘 우리의 생활이 얼마나 훼손되고 타락한 모습으로 변해 있는지를 비추는 밝은 거울인 것이다.

그리하여 이제 정태춘의 눈길은 "초겨울 가랑비에 젖은 볏짚"을 "그러모아 여기저기 불"을 붙이는 농부에게로 향한다. "들판 가득히 피어오르"는 "매운 연기"와 "낮은 논배미"에 "깔리는 자욱한 안개" 속에서 "늙은 농부"는 "눈물"을 흘린다. 그의 눈물은 연기 때문인가, 농촌의 몰락 때문인가? 박은옥의 애절한 목소리와 정태춘의 격한 음성은 그 양자를 결합한다. 아마 그것은 정태춘 노래의 서정성과 서사성에 대응될지 모르겠다.

80년대 후반 이후 정태춘은 이 시대 민중 현실을 그 핵심에서 노래하여 왔다. 이 모순과 배반의 땅에서 목숨을 이어가고 있다는 사실의 기막힌 아이러니, 그 고통과 절망과 분노의 총체적 확인을 절창 음반『아, 대한민국…』은 들려주었다. 거리의 함성과 더불어, 대학가의 열기 속에서 그의 노

래는 우리 시대 민중의 탄식이 되고 외침이 되었다.

그리고 이제 사회주의가 몰락하고 운동권이 퇴조했다고 한다. 한마디로 세상이 변했다는 것이다. 그러나 여전히 "종로"에는 "비가 내리고", 사람들은 "신호등"을 기다리고, 어린 학생은 입시의 중압에 짓눌려 자살을 하며, 가난한 노동자는 지친 몸을 "짐짝"처럼 "전철"에 싣고 "어두운 한강을 건"넌다. 바로 이 장면에서 정태춘의 역사적 상상력은 놀라운 반전을 기획한다. 절망적 상황의 한가운데에 있기 때문에 솟아오르는 희망의 계기들이 "휠, 휠" 날개 치면 "날아오르"는 "비둘기"처럼, "깃발" 휘두르며 거리를 가득 메운 "군중"의 환각처럼 우리의 시야에 펼쳐지는 것이다.

그의 이러한 예술정신은 당연히 낡은 시대의 행정적 규제를 거부한다.

예술작품에 대한 사전검열은 어떤 명분과 미명으로 이루어진다 하더라도 결코 용납될 수 없는 반예술적 야만 행위이다. 예술은 자유 없이 존속할 수 없으며, 그 자유는 예술가가 인간공동체의 미래를 위해 헌납하는 전신적 투자의 담보이다.

정태춘의 노래는 그 자체가 민중의 가슴에 바치는 무상의 공양이다.

검열관들이 예술가와 민중의 사이에 끼어들 권리는 어디에도 없다.

4. 가사, 악보와 작품 이야기

세상을 다시 차분히 바라본다

포크 계열 언더그라운드 싱어송라이터들에게는 흔히 음유시인이라는 별명이 붙어 있는 경우가 많다. 정태춘에게도 그랬다. 그런데 이 음반을 들으면서 나는 그에게 '음유시인'이라는 이미 평범해진 낱말보다, 정말 세상살이를 이리저리 읊으며 노래하는 시인이란 뜻의 그럴싸한 별명을 붙여줄 수 없을까 하는 생각을 했다.

그는 단지 달콤하게 서정적이고 감상적이거나 차분하고 관조적이라는 의미에서 음유시인인 것이 아니라 확실히 시인다운 면모를 갖추고 있기 때문이다. 음반 『북한강에서』에서 두드러졌던 삶에 대한 관조적 태도와 시어적 감각은 『무진 새 노래』에서의 바깥 세상으로 넓어지기 시작한 시야의 확대로 더욱 돋보였다.

그 후 그는 80년대 말의 활동과 비합법 음반 『아, 대한민국…』에서 미래에 대한 낙관과 세상 전체에 대한 폭넓은 관심과 애정, 분노와 환호를 노래했다. 그리고 이제 90년대가 제 궤도로 진입한 93년에 아내 박은옥과 함께 새 음반을 내놓는다.

이 음반에서 그는 『아, 대한민국…』에서 넓어진 세상에 대한 관심의 폭을 유지한 채, 그 시기의 흥분을 가라앉히고 세상을 다시 차분히 바라본다. 서울 출퇴근 지하철 안, 추수 후 짚단을 태우는 농민, 코메리칸이 모여 사는 L.A., 자신의 일상 속에서 만나는 사람들, 비 오는 종로 거리, 섬진강의 일본 관광객들, 이런 것들을 그는 마치 스케치하듯 담담하게 그려나간다.

포크를 기조로 하면서 트로트, 남도 구음, 풍물 등 각기 다른 음악들이 가진 의미를 적절하게 이용하여 음악적으로 풍경화를 그려나간다. 그의 풍경화는 이제 자신의 내면 풍경을 넘어서서 세상의 흐름을 담아내기 시작했다.

_이영미

4-1. 『92년 장마, 종로에서』 앨범 수록곡들

양단 몇 마름 (2 : 22)   유지연 편곡/ 박은옥 노래
저 들에 불을 놓아 (4 : 58)   함춘호 편곡/ 박은옥·정태춘 노래
비둘기의 꿈 (4 : 58)   함춘호 편곡/ 박은옥 노래
이 어두운 터널을 박차고 (4 : 47)   함춘호 편곡/ 정태춘·최용만 노래
비둘기의 꿈 (4 : 37)   경음악/ 하모니카 정태춘
사람들 (7 : 00)   정태춘 편곡·노래
L.A. 스케치 (4 : 22)   정태춘 편곡·노래
나 살던 고향 (4 : 10)   곽재구 시/ 정태춘 작곡·편곡·노래
92년 장마, 종로에서   함춘호 편곡/ 정태춘·박은옥 노래

작사·작곡 : 정태춘 / 녹음실 : 한국 음반 B Studio / 사진·디자인 : 김승근
진행 : 김영준 / 기획·제작 : 삶의 문화

그리고 도움을 주신 최종실 씨, 김재운 씨,

친구 박용규 군과 이무하 씨

스탭 사계 식구들, 노찾사 식구들께 감사드립니다.

또, 이 음반을 기다려 준 모든 분들께도…….

_ 1992년 10월

■ 양단 몇 마름

시집올 때 가져온 양단 몇 마름
옷장 속 깊이깊이 모셔 두고서
생각나면 꺼내서 만져만 보고
펼쳐만 보고, 둘러만 보고
석삼년이 가도록 그러다가
늙어지면 두고 갈 것 생각 못하고
만져 보고, 펼쳐보고, 둘러만 보고

시집올 때 가져온 꽃신 한 켤레
고리짝 깊이깊이 모셔두고서
생각나면 꺼내서 만져만 보고
쳐다만 보고, 닦아도 보고
석삼년이 가도록 그러다가
늙어지면 두고 갈 것 생각 못하고
만져 보고, 쳐다보고, 닦아만 보고
만져 보고, 펼쳐보고, 둘러만 보고

_1972. 4.

80

양단 몇 마름

시 집 - 올 때 가 져 온 양 단 - 몇 마 름

옷 장 속 깊 - 이 깊 이 모 셔 - 두 고 서

생 각 - 나 면 꺼 내 서 만 져 만 보 - 고

펼 처 만 보 - 고 둘 러 만 보 - 고

석 삼 - 년 이 가 도 록 그 러 다 가

늙 어 - 지 면 두 고 갈 것 생 각 - 못 하 고

만 져 - 보 고 펼 처 - 보 고 둘 러 - 만 보 고

1972년 고등학교를 졸업하고 부평의, 결혼한 둘째 누님 댁에서 얹혀살던 때다. 서울의 모 대학교 안으로 바이얼린 레슨을 다니며 재수하던 때. 물론, 전해에는 다른 모 대학교 음대의 엉터리 시험에도 낙방을 하고…….

누님의 옷장 속에 깊이깊이 모셔지고, 가끔씩 누님의 손길로 만져지기나 하던 '양단 몇 마름'. 그 양단은 기억을 하는데 이 노래를 어떻게 썼는지는 전혀 기억에 없다.

악보화해서 가지고 있는 내 노래 중 첫 번째 것인데, 그보다 전에 만든 노래도 내 기억에는 있다. 고3 때쯤이었나? '삼원색 등불'이라는 친구의 가사에 곡을 붙였던 적이 있다. 그 친구는 지금 무슨 시멘트 회사 부장인가 뭔가 출세를 해서 배가 불뚝한데 지금 그걸 기억이나 하고 있을지…….

2절은 양병집 씨가 만들었고(그때 쯤 나는 인천에서 전투경찰대 복무 중이었다), 사실 그 양반이 이 노랠 나보다 먼저 녹음했었다. 이 노래 말고도 내 초기 노래들(〈얘기〉, 〈보리고개〉 등)을 가지고 그이가 1975년경 쯤 음반 녹음도 다 했는데, 당시 그만 그놈의 '풀' 사건으로 나한테 작품료만 주고 음반으로의 발표는 무산되고 말았다.

그이는 지금 호주에서 살고 있고, 서울엔 자주 왔다 갔다 한다. 이 노래를 참 이상하게 불렀었는데…….

누님은 예전에 그 옷감을 풀어서 이미 옷을 해 입었고, 지금 그 집은 잘산다.

아, 지금의 느낌으로는, 여기서 그 '양단'은 가난의 상징물이 아니라 전통의 상징물이다. 그이는 지금 자가용 승용차를 몰고 다닌다. 전통은 이미 그이의 세대에서 무너졌다. 슬퍼할 일도 아니다.

그런데 웬 트로트 장단 ? 나도 모르겠다. 그땐 트로트가 상당히 슬펐다. 지금은 트로트가 안 그렇다.

나는 결국 대학엘 못 들어갔고, 마누라가 이 노랠 부른다. 마치 자기의 체험처럼 처량하게…….

(양단 '몇 마름'이라면 상당히 많은 양인데, 사실은 한 마름뿐이었다.)

■ 저 들에 불을 놓아

저 들에 불을 놓아 그 연기 들판 가득히
낮은 논둑길 따라 번져가누나
노을도 없이 해는 서편 먼 산 너머로 기울고
흩어진 지푸라기 작은 불꽃들이 매운 연기 속에 가물가물
눈물 자꾸 흘러내리는 저 늙은 농부의 얼굴에
떨며 흔들리는 불꽃들이 춤을 추누나

초겨울 가랑비에 젖은 볏짚 낫으로 그러모아
마른 짚단에 성냥 그어 여기저기 불 붙인다
연기만큼이나 안개가 들판 가득히 피어오르고
그중 낮은 논배미 불꽃 당긴 짚더미 낫으로 이리저리 헤집으며
뜨거운 짚단 불로 마지막 담배 붙여 물고
젖은 논바닥 깊이 그 뜨거운 낫을 꽂는다

어두워가는 안개 들판 너머, 자욱한 연기 깔리는 그 너머
열나흘 둥근 달이 불끈 떠오르고 그 달빛이 고향 마을 비출 때
집으로 돌아가는 늙은 농부의 소작 논배미엔
짚더미마다 훨훨 불꽃 높이 솟아오른다
희뿌연 달빛 들판에 불기둥이 되어 춤을 춘다

_1992. 11.

저들에 불을 놓아

저 들에불을놓 아 그 연 기 들 - 판 - 가 득 히 -

낮 은논둑길 따 라 - 번 져 가 누 나

노 을 도 - 없 이 해 - 는 - 서 편 먼 산 너 머로 기 - 울 - 고 흘

어 진지푸라기작 은 불꽃들 - 이 매 운 연 기 속 에 가 물 가 - 물 눈

물 자꾸흘러내리 는 저 늙 은 농 - 부 의 얼 굴 에 - 떨

며 혼들리는불 꽃 들 이 춤 을 추 - 누 나

나도 우리 역사의 거친 한 물결 속에 뛰어들어 본 일이 있었다. 87년 6월 항쟁에서 91년 강경대 싸움이 끝날 때까지이다. 우린 이길 수 있다고 생각했다. 나야 늦깎이로 덤벼든 물결 속이었지만 나도 그렇게 흥분했었다. 힘 다 빠진 마지막 군부의 잔재들과 그 하수인들, 그 못된 지배 세력을 몰아내고 새로운 정치세력이 더 나은 세상을 만들어 주기를 기대하며 우린 주먹을 움켜쥐고 구호를 외쳐댔다. 구호 같은 노래를 불렀다.

방송국이나 무슨 공연장이 아닌, 학교, 공장의 운동장이나 건물의 현관, 또는 거리에서, 때때로 민주주의라는, 민족해방, 민중해방이라는 구호들과 함께 우리들은 우리들의 새로운 노래들을 그 현장에 던지고, 그 노래들을 싸우는 이들과 함께 깃발처럼 휘둘렀다. 그러나 결국 당시의 지도부들은 들 것에 실려 잡혀가고, 구호를 외치던 이들은 서서히 침묵 속으로 잠겨야 했다. 그리고 그 대열이 모두 흐트러지는 가운데 저들은 민간 정부라는 그 후계자들에게 정권을 인계하고 권력의 전면에서 유유히 물러났다. 아직도 두터운 그들, 그 기득권자들의 보호막 속으로…….

이제 판이 바뀌었다고 한다. 새로운 발상, 새로운 방식, 새로운 노래들을 말한다. 그러나 무엇이 얼마나 달라졌는가?

저기 뙤약볕의 지하철 공사장에서 땀범벅의 맨잔등으로 철근을 메어나르는 젊은 인부가 있다. 언제 무슨 사고로 목숨이 어떻게 될지도 모르는 험한 공사장에 아들을 보낸 시골의 늙은 농부가 있다. 그가 일 년 내내 매달려 농사지은 소작 논배미가 있고, 아들 걱정보다도 더욱 울화통 터지게 하는 거기 농촌의 실정이 있다. 거의 추수도 끝낸 논배미, 흩어진 짚 더미들을 긁어모아 불을 피우고 돌아가는 그 늙은 농부의 뒷모습을 과연 낭만적으로 바라볼 수 있을까? 그의 뒷짐 진 손아귀에 잡혀 있는 추수 때의 그 한 자루 낫은 그저 달랑거리는 하나의 초라한 시적 소도구일 뿐일까? 그의 굽은 등

때기에 넘실거리는 그 불기둥은 곧 스러져버릴 서정적 풍경의 한 빛깔에 불과할 뿐인가?

여기 무엇이 어떻게 달라졌기에.

물론 구호는 사라졌다. 그러나 우리들 마음속의 그 '아름다운 세상'에 관한 꿈이 사라진 것은 아니다. 구호가 사라진 것이 아니다. 구호는 행간 속으로 숨은 것이다.

저들의 예술이 더욱더 구호처럼 노골적이고 깃발처럼 선동적이구나.

■ 비둘기의 꿈

올봄 전주에서 우리에게로 소포 하나가 전해졌습니다.
그 속에는 사랑했던 아들을 잃은 비통한 한 아버지의 가슴 아픈 편지와
열아홉 나이에 스스로 목숨을 끊어야 했던
그의 아들 장하다 군의 유고 시집이 들어 있었습니다.
자신의 적성에 맞는 보람 있는 삶을 원했던 아이,
계절의 변화를 느낄 수 있는 자유를 원했던 아이,
사랑과 우정… 그리고, 꿈꿀 수 있는 아름다운 세상을 원했던 아이.

너무나 맑고 고운 심성을 가진 우리의 아이들이
이 땅의 잘못된 현실, 잘못된 교육의 숨 막히는 강요 속에서
얼마나 절망하며 고통스러워하는지…
그래서, 결국엔 스스로의 목숨을 던져 절규의 종을 울리는 한 마리의 새처럼
이 땅, 모든 아이들의 고통을 알리고자
그는 그의 너무나 짧은 생을 마감하며
살아서 그가 참으로 사랑했던 사람들에게 전하는
슬픈 시들을 남기고
여기 우리들로부터 떠나갔습니다.
해마다 이렇게 떠나가는 200여 명의 다른 아이들과 함께

그의 노래가 여기 있습니다.
긴급동의를 구하는 그들의 노래가 있습니다.

봄 햇살 드는 창밖으로 뛰어나갈 수 없네
모란이 피는 이 계절에도 우린 흐느껴
저 교회 지붕 위에 졸고 있는 비둘기
어서 날아가라, 계속 날아가라, 총질을 해대고
그 총에 맞아, 혹은 지쳐 떨어지는 비둘기들
오, 그래, 우린 지쳤지
좋은 밤에도 우린 무서운 고독과 싸워
기나긴 어둠 홀로 고통의 눈물만 삼켰네

아, 삶의 향기 가득한 우리의 꿈 있었지
노래도 듣고, 시도 읽고, 사랑도 하고
저 높은 산을 넘어 거치른 들판 내닫는 꿈
오, 제발, 우릴 도와줘
내가 사랑한 것들, 참 자유, 행복한 어린 시절들
알 수 없는 건 참 힘든 이 세상의 나날들

안녕, 이제 안녕, 여기 나의 노래들을 당신에게 전할 수 있다면
안녕, 모두 안녕, 열아홉 내가 사랑했던 사람들
안녕, 부디 나의 노래 잊지 말아 줘

_1992. 4.

비둘기의 꿈

봄 — 햇살 드 는 창밖으로 뛰어나갈 수 없네 —

모 — 란이 피 는 이 계절에도 우린 흐느껴 — 저

교회 지붕위에 졸 — 고 있 — 는 비둘기 — 어서 날아가라 — 계속날아 가라 — 총질을 해대고 — 그

총에 맞아 혹은 지쳐 떨어지는 비둘기들 음 — (그래, 우린 지 쳤어)

좋 — 은 밤에도 우린 무서운 고독과 싸워 — —

기 — 나긴 어둠 홀로 고통의 눈물만 삼켰네 —

D.S.

안 녕 — 이제 안 녕 — 여기 나의 노래 들을 당신에게 전할 수 있 다면 —

안 녕 — 모두 안 녕 — 열아홉 내가 사랑했던 사 람 들 — 안 —

녕 부디 나의 노래 잊지 말 아 줘 —

작품 이야기 ● 비둘기의 꿈

1991년 비인간적·살인적인 현재 우리의 교육 상황 아래에서 그 여린 심성
으로는 도저히 견뎌낼 수 없어 비통하게도 스스로 목숨을 끊은 전북의 한
고등학교 학생의 유고 시집『꿈꿀 수 없는 세상이 싫어요』중에서 발췌하
여 가사화했다.

　　아, 이런 어처구니없는 죽음이 지금도 계속되고 있다.

　　젊은 친구들이여, 이 어려운 상황을 부디 꿋꿋이 이겨내 주길…….

□자서

마지막으로 하고 싶은 말이 있어요

아까 말했잖아 잊혀지는 게 두렵다고요.
누가 내 소원 하나 들어 주실래요.
난 내세울 게 잘 생긴 외모도 아니고 똑똑한 머리도 아니에요.
저, 내 글을 책으로 펴 줄 수 없어요. 내 얘기를 들어주세요.
그래서 내 친구들에게 전해주고 싶어요. 세상의 친구들에게.
"죽음"으로 쓴 시라 아이들에게 나쁜 영향을 끼칠 것 같나요.
아니 아니예요. 절대 안 그럴 거에요. 제발 들어줘요, 예!
최대한 노력해서 쓴 글 많아요. 평범한 얘기지만.
내 말에도 향기가 있고 가시가 있어요. 친구들에게 도움이 될 거예요.
내가 세상에 남긴 게 없다고 날 미워하잖아요. 난 그런 놈이란 소리
들기 싫어요. 정말로 잘 쓴건 없지만 소원이에요. 들어주세요.
두려워요. 이렇게 말하는데도 안들어 주실 것 같거든요.
목숨 걸고(?) 말하는데도 안 들어 주실래요. 그러면 미워요.
내 얘기를 알리고 싶어요.

1990년 봄
장 하 다

■ 이 어두운 터널을 박차고

우리는 긴 긴 철교 위를 달리는
쏜살같은 전철에 지친 몸을 싣고
우리는 그 강물에 빛나던 노을도 진
아, 어두운 한강을 건너
집으로, 집으로 졸며

우리는 신성한 노동의 오늘 하루
우리들 인생의 소중한 또 하루를
이 강을 건너 다시 지하로 숨어드는 전철에
흔들리며, 그저 내맡긴 몸뚱아리로
또 하루를 지우며 가는가

창백한 불빛 아래 겹겹이 서로 몸 부대끼며
사람의 슬픔이라는 것이 다른 그 무엇이 아니구나
우리가 이렇게 돌아가는 곳도 이 열차의 또 다른 칸은 아닌가
아, 그 눈빛들, 어루만지는 그 손길들

우리는 이 긴 긴 터널 길을 실려가는
희망 없는 하나의 짐짝들이어서는 안되지
우리는 이 평행선 궤도 위를 달려가는
끝끝내 지칠 줄 모르는 열차 그 자체는
결코 아니지, 아니지, 우리는

무거운 눈꺼풀이 잠시 감기고, 깜빡 잠에 얼핏 꿈을 꾸지
열차가 이 어두운 터널을 박차고 찬란한 햇빛 세상으로
거기 사람들 얼굴마다 삶의 기쁨과 긍지가 충만한
살 만한 인생, 그 아름다운 사람들

매일처럼 이 열차를 기다리는 저 모든 사람들
그들 모두 아니, 우리들 모두를 태우고
아무도, 단 한 사람도 내려서는 안되지
마지막 역과 차량기지를 지나
열차와 함께 이 어둔 터널을 박차고
나아가야지, 거기까지, 우리는
꿈을 꿔야지, 함께 가야지, 우리는

_1993. 4. 2.

이 어두운 터널을 박차고

우리 는 긴 긴 - 철 교 위를 달리는 - 쏜살같은전철에 지친 몸을싣고 - - 우리 는 그강물에빛나던

노을도진 - 아 - 어두운한강을 건 - 너 - - 집 으 로 집 으 로 - 졸 - 며 우 리

는 - 신성한노동의 오늘하루 - 우리들인 생 의 소중 한또하루를 - 이강을 건 - 너 - 다시지하로숨어드는

전 철 에 - 흔들리며그저내맡긴몸 뚱아리 - 로 - 또하 루를 - - 지우며 - - 가는 가 창 백

한불빛아래 - - 겹겹 이서로몸부대끼 - 며 - 사람의 슬픔이라는것아 - - 다른그 무 엇 이 아니구나 - - 우리

가이렇게돌아가는곳도이열 차 의 또 다른칸은아닌가 - 아그 눈빛들 - 어루만지는그손길 들 우 리

는이긴 - 긴터널길을실려가는 희망없는하나의 - 짐짝들 - 이어서는 안되지 - - 우리 는 이평행선 궤도위를
처럼이열차를기다리는저모든 사람들 - 그들모두아니우리들모두를 태우고 - - 아무 도 단 한사람도 내려서는

달려가는 - 끝끝내지칠줄모르는열차 그자체는 - 결코아니 지 아 니지 - 우 리 - 는
안되지 - - 마지막역과차량기지를 지 - - 나 - - 열 차 와함께이어둔터널을 - 박차 -

무 거 운

눈꺼풀이 잠시 감기고--깜박잠에 - 얼핏꿈을 꾸지-- 열차가 이어둔터 널을 박차고- 찬란한 햇빛 세상 -으로--거기

사람들얼굴마다- 삶의   기쁨과긍지가 충만한   살만 한인생- 그아름다운사-람 들 매일

고   나 아 가 야지- 거기까지- 우 리- 는   꿈을 꿔 야지- 함께가 야지- 우-
                                                   가 야지 거기까지-- 우-

리는-- - 우- 리는- 나 아
리는-- - 우- 리는- 꿈 을

"이 간주 멜로디 어디서 들어본 것 같지 않아 ?", "간주 멜로디가 표절 같지 않아?" 그 선율을 만들면서부터 미심쩍은 생각이 있어 이 사람, 저 사람들한 테 물어보았지만 그런 것 같지는 않단다. 그래, 그냥 가자. "그런데, 가사는 어때?" "괜찮은데, 사실적인데."

'사실적'으로 근래 2, 3년간 전철을 타본 일이 없다. 기본요금이 얼마인 지도 모르고. 그러나, 그 기억들…… 그리고.

승용차를 타고 다니며 가끔씩은 동호대교 같은 데에서 전철과 함께 달 린다. 얼핏얼핏 그 승객들의 모습, 표정들을 훔쳐보면서. 그리고 길에서는 많은 버스들과 만난다. 신호대기로 나란히 서서. 의자에 앉거나 천정 손잡 이를 잡고 선 채, 무심한 눈길로 물끄러미 내려다보는 그 버스 승객들을 힐 끗힐끗 훔쳐본다.

또 자가용을 타고 버스 정류장을 지나가며 거기 우두커니 서서 버스를 기다리는 사람들을 훔쳐본다. 훔쳐본다. 당당히, 또는 웃는 얼굴로 마주 볼 수 없는 사람들. 내가 소심해서일까? 그런데 우리는 서로 친한가?

이 노래는 소심한 내가 무슨 가책 같은 것에 대한 보상으로 그 고단한 이들에게 헌사하는 격려의 노래가 아니다.

우리는 모두 같은 목적지를 향해 함께 가는 승객이자 운전자들이지. 이 열차가 그저 지하의 어두운 철길 위로 끝없이 달리다가 가끔씩 노을 지는 강, 철교 위를 쏜살같이 지나가는 목적지도 없는 순환열차여서는 안되지. 그 절망 의 순환 고리를 끊어야지. 뛰쳐나가야지. 아무리 짐짝처럼 실려서 가더라도 "아무도, 단 한 사람도 내려서는 안 되지/ 마지막 역과 차량기지를 지나/ 열차 와 함께 이 어두운 터널을 박차고/ '살 만한 인생, 그 아름다운 사람들'의 세상 을 향해 나아가야지, 거기까지 우리는/ 함께 가야지, 꿈을 꿔야지 우리는."

거기는 어디일까? 우리가 가야 할 거기는 어디쯤일까?

어느 누구끼리라도 서로 미소를 보낼 수 있고, 서로가 서로에게 자상하며, 따뜻하며, 배려하며……

그런 세상이 어디 있느냐고? 있지.

모든 사람이 함께 잘사는 사회, 그런 좋은 세상은 있지.

그런 좋은 세상이 오면 사람들 품성도 달라지지. 자연히 그렇게 되지.

사람 만나기 즐거운 세상, 그 세상은 오지.

이 피곤하고, 천박하고, 척박하고, 어두운 이 터널을 박차고 함께 나아가면.

천천히라도 그곳을 향해 나아가기만 하면.

미안해요.

■ 사람들

문승현이는 소련으로 가고
거리엔 황사만이
그가 떠난 서울 하늘 가득 뿌옇게, 뿌옇게
아, 흙바람

내 책상머리 스피커 위엔
고아 하나가 울고 있고
그의 머리 위론 구름 조각만 파랗게, 파랗게
그 앞에 촛대 하나

김용태 씨는 처가엘 가고
백 선생은 궁금해 하시고
개 한 마리 잡아 부른다더니 소식 없네, 허 참…
사실은 제주도 강요배 전시회엘 갔다는데

인사동 찻집 귀천에는
주인 천상병 씨가 나와 있고
"나 먼저 왔다, 나 먼저 왔다, 나 먼저 커피 줘라
저 손님보다 내가 먼저 왔다
나 먼저 줘라, 나 먼저 줘라"

민방위 훈련의 초빙 강사
아주 유익한 말씀도 해주시고

민방위 대원 아저씨들 낄낄대고 박수 치고
구청 직원 왈 "반응이 좋으시군요, 또 모셔야겠군요"

백태웅이도 잡혀가고
아, 박노해, 김진주
철창 속의 사람들,
철창 밖의 사람들
아, 사람들…

작년에, 만 삼천여 명이 교통사고로 죽고
이천 이삼백여 명의 노동자가 산업재해로 죽고
천 이백여 명의 농민이 농약 뿌리다 죽고
또, 몇 백 명의 당신네 아이들이 공부, 공부에 치어
스스로 목숨을 끊고,
죽고, 죽고, 죽고… 지금도 계속 죽어가고…

압구정동에는 화사한 꽃이 피고
저 죽은 이들의 얼굴로 꽃이 피고
그 꽃을 따먹는 사람들, 입술 붉은 사람들
아, 사람들…

노찾사 노래 공연장엔
〈희망의 아침〉이 불려지고
비좁은 객석에 꽉찬 관객들 너무나도 심각하고
아무도, 아무 말도…

문승현이는 소련에 도착하고
문대현이는 퇴근하고
미국의 폭동도 잦아들고
잠실 야구장도 쾌청하고
프로야구를 보는 사람들, 테레비를 보는 사람들
사람들… 사람들…

_1992. 5.

* "작년엔 만 삼천여 명이 교통사고로 죽고…"의 절
  ― 자료원: 1992년 2월판 경실련총서 1, 『우리사회 이렇게 바꾸자』 참조.
* 삽입곡 〈希望의 아츰〉
  ― 1940년, 春園 李光洙 (창씨명 香山光郞 [고야마 미타로]) 작사,
    蘭坡 洪蘭厚(창씨명 森川潤 [모리카와 준]) 작곡
  ― 노래: '노래를 찾는 사람들'

사람들

Capo 5
Play G key

문 승 현 이 는   쏘 련 으 로 가 ─ 고   ─

거 리 엔   황 사 만 ─ 이   ─

그 가 떠 난 서 울 하 늘 ─ 가 ─ 득   ─ 뿌 옇

게   ─   뿌 옇 ─ 게   ─

아 ─ ─   흙 ─ 바 ─ 람   ─

문승현이는 나보다 두세 살쯤 아래 나이로 작곡가 겸 문예운동 이론가이다. 또 그가 만든 〈오월의 노래〉("봄볕 내리는 날 뜨거운 바람 부는 날……")는 내가 무척 좋아하는 노래이다. 그는 대단한 사람이다. 노래창작에 있어서의 서정이나 이론가로서의 실력이나 그 양쪽 바닥에 참 귀한 사람이다.

당시 소련이 해체되기 전 그는 음악 공부를 더 한다고 그 소련으로 아내와 함께 날아가서(그 소식을 들었을 때 왜 내가 그렇게 심란스러웠을까?) 아직 거기에 있다고 한다.

문대현이는 그 문승현이의 동생이다. 〈광야에서〉 등을 작사, 작곡하기도 했고, 한 때 '노찾사'의 기타 반주자 겸 음악감독이기도 했고, 스스로의 노래도 음반으로 발표했던 가수이기도 하다. 근래에는 일본으로 공부하러 갔다 와서 어느 대기업에 입사했다고 한다.

"내 책상머리 스피커 위엔" 조각가 최병민 선생의 작은 작품 "〈고아〉하나가 울고" 있다. 전에부터 그이가 그 작품 받침대를 구해 놨으니 가져가라 하는데 여태 못 가져오고 있다.

김용태 씨는 지금이나 전에나 사단법인 한국민족예술인총연합(민예총)의 사무총장이다. 본래는 그림쟁이이신데 나는 그이의 그림은 본 적이 없고, 그이의 작품이라는 동두천 양색시들 사진 몇 점을 본적이 있다. 우람하고 잘생긴 미군 아이들과 그들의 굵은 허벅지 위에 걸터앉아 서양 처녀처럼 웃고 있는 양색시들. 배경은 흔하게 페인트쯤으로 그린 이국의 바다 풍경이었던가? 그 앞 앙상한 의자 위에 그 미군 애들이 떠억 앉아 있고.

그런데 우리의 예술운동이 4, 5년 전 민민운동과 결합하면서 조직적으로 전개되기 시작한 이후로 그이는 작품을 전혀 내놓지 못했다. 그이의 작

품은 바로 '민예총'이기 때문이다. 술 좋아하고, 욕 잘하고, 자상한 사내 용
태 형이 없으면 그 바닥에 타격이 심하다.

백 선생은 백기완 선생이시다.
사내답고, 때론 너무 그래서 한편 부담도 되기는 하나 내가 가끔씩 찾아
뵙는 분이다. 졸렬한 시대, 졸렬한 소시민의 시대에 이만한 '사내'가 어디
또 계시랴.

강요배 씨. 민족미술협의회의 화가이신데 91년 강경대 정국에 연대에
있었던, 그 정신없던 대책위에서 다른 화가들과 걸개그림 등을 열심히 그리
는 걸 보았다. 그때의 그림들뿐 아니라, 그 뒤에 본 탁월한(감히 이렇게 써
도 되는 걸까?) 색조의 다른 그림들의 느낌이 내겐 대단했다. 메시지보다도
더욱 강렬한, 그만의 투명한 색조, 화폭 안에 가득한 그 공기와 바람과….
그이의 제주 4·3 항쟁 연작들을 꼭 보고 싶었지만 전시장엘 못 갔고, 뒤에
화집을 통해서나 볼 수 있었다. 그의 천연색 그림을 흑백으로 인쇄한 것만
봐도 가슴이 설렌다.

나는 천상병 시인의 시를 한 번도 읽어 본 적이 없었다. 그분의 얼굴부
터 보게 되었다. 그 작은 찻집 '귀천'에서 당신이 굳이 먼저 왔다고(그 찻집
의 몇 안 되는 손님 중 누구도 그분보다 먼저 왔다거나 또는, 차를 먼저 달
라고 말한 사람이 아무도 없었지만), 손님들 모두에게 까불지 말라는 듯이
단정적으로, 확신에 찬 어투로 말하는 그 어이없는 장난기가 기분 좋았다.

이 노래를 만들어서 당시 '노찾사' 공연의 찬조 출연 때 부르려고 '학전'
소극장으로 갔는데 가사대로나 소문대로라면 "소련에 도착"해서 이미 자리
를 잡고 있어야 될 그 문승현이가 느닷없이 거기에 나타났다. "조금 연기됐

어요"라며. 그에게, 관객들에게, 양해를 구하고 그 노래를 거기서 처음으로 불렀다.

이 노래가 가녹음된 상태에서 여기 등장하는 모든 분들께 양해를 구하는 절차가 있었다. 물론 소련, 일본에 있는 형제에게는 인편으로 할 수밖에 없었고, 대개 전화로 했는데, 그중의 한 경우. "강요배 씨, 노래에서는 '씨'자를 뺐는데요?", "괜찮아요."

또 한 경우, "용태 형님, 형님 이름 나오는 노래요, 그대로 녹음을 하려구 그러는데요", "?…! 야이씨…하하하" (사실은 이분만 인간적으로(?) 매우 즐거워 하셨다. '씨'자도 안 빠졌고….)

또 '귀천'으로 (천상병 선생께서 돌아가신 지 얼마 안 됐고 해서 직접 부인이신) 목순옥 여사를 찾아뵈었다. "아, 맞아요. 정 선생이 오셨던 날 이상하게 그렇게 소리를 지르시더라구요." 그리고 그 가게의 회전이 엄청나게 빠른 카세트로 가녹음된 걸 들려드렸다. 느닷없는 인사에 느닷없는 얘기라서, 얼마간의 위험부담도 느껴져서 막 찻집을 나가시는 문우서림의 젊은 한학자 김영복 사장님도 옆에 모시고서. 참 난감해하시는 표정에 죄송스러웠다. 문제는 천 선생의 독특한 "나 먼저 왔다…" 부분의 흉내인데 되게 쑥스러웠다('이렇게까지 하면서 이 노래를 넣어야 할까?'). 그러나 의외로 "…괜찮겠지요…"라는 말씀이 떨어졌다. 옆에서 그 젊은 한학자께서도 지원을 해주시고. "…그런데 목소리가 이렇게 가늘지 않았으면……." "옛! 지금 이 카세트 회전이 빨라서 그럽니다!!" 한학자님께서 다시 "조금만 굵게……" "예, 경박스럽지 않게 녹음하겠습니다!"

음반이 나온 후 민미협 사무실 출근자들의 아침 인사가 이렇게 바뀌었다나?

"나 먼저 왔다, 나 먼저 왔다, 나 먼저 커피 줘라, 나 먼저 커피 줘라 ……"

그날, 거기 가기 전에 처음으로 천 선생의 시집 두세 권을 사 보았고,

음반이 나온 뒤 다시 인사차 가서 이번 음반을 드리고 천 선생의 유고 시집과 목 여사의 책 한 권을 받아왔다.

늦게나마 천 선생님의 명복을 빈다.

"민방위 훈련의 초빙 강사" 다음의 본래 가사는 "아주 음탕한 소리만 지껄이고"이다. 그리고 그다음 절로 녹음에서 빠진 가사는 이렇다.

"이부영 선생의 승용차/ '아, 그 딸딸거리는 스텔라'

바꾸기는 해야겠는데/ 쏘나타로 뽑을 순 없고

'왜?/ 현대 차를 뽑을 순 없잖아요/ 정치적으로 말예요'."

(사실 처음 만들었던 가사는 또 달랐다. "이부영 선생의 승용차/ 아, 그 파란 그랜저……" 나는 설마, 설마 했는데 우리 작업실에 함께 일하는 친구가 맞는다는 것이다. 그래서 이 가사로 몇 군데서 노래를 했더니 그쪽에서 그게 아니라는 것이다. 내가 화끈해 가지고 얼른 고칠 수밖에……) 고친 가사로 죽 부르고 다녔고, 문제는 없었다.

그러나 녹음을 하며 양해를 구했는데 오히려 그쪽에서 정중한 양해의 답신이 왔다.

"현실적으로 유권자의 상당수가 현대 차를 타고 다니는데, 유권자를 의식해야 하는 정치인으로서……" 그렇게 말하는 이 선생의 비서진이나 이 선생도 우리와 잘 아는 분들이어서 그분들의 처지(?)를 고려하여 작가의 자체 검열에 의해 잘려 나간 것으로 정리하기로 했다. 물론 앞 절, "음탕한 소리" 운운 부분도 자체 검열로 걸러낸 부분이다. (아, 이 투철한 책임감과 윤리의식을 한 번 더 검열하는 절차가 있다니……. 나는 그 공륜의 검열을 단연코 거부한다.)

우리 시대, 저 수많은 죽음들과 압구정동과의 상관관계, 그에 관한 본인의 불온한 연상을 어떻게들 평가하시는지?

압구정동의 "화사한 꽃"들과 "저 죽은 이들의 얼굴"들과 "그 꽃을 따먹는 입술 붉은 사람들"과 다시 "저 죽은 이들"의 나라를 어떻게 분석들 하시는지?

"노찾사 노래 공연장엔 〈희망의 아침〉"도 불려지기는 했지만 본래 가사는 "좌익의 노래가 불려지고"였다. 그리고 "아무도 아무 말도…"가 아니라 "박수 소리도 되게 조심스럽더군"이었다(이 노래를 부를 때마다 사람들은 이 대목에서 미안한 듯이 박수를 친다).

그리고 삽입곡도 그 힘차고 아름다운 김순남의 〈해방의 노래〉였다. 본 녹음이 들어가기 직전까지는. 그러나 저작권 승계자의 작품 사용 승인을 끝내 얻어내지 못해서('좌익의 노래'를 '그의 노래'로 바꾸겠다고 했음에도) 너무나 안타깝게도 그 노래를 이 음반에 담지 못하였다.

'그래, 친일 가요를 고발하자. 작품 사용승인도 필요 없을 테고 설마한들 친일 가요로 저작권 사용료를 요구하랴'는 생각으로 결국 삽입곡을 바꾸게 되었다.

이 노래 부르기가 쉽지 않았다.

꽤나 묵직하게 깔리는 소리로 코헨처럼 부르고 싶었지만, 나는 코헨이 아닌 걸 어쩌랴.

안타까운 것은 코헨처럼 부르지 못해서가 아니라, 내 나이 사십에 걸맞은 그럴듯한 연륜의 소리가 안 나온다는 것이었다.

(놀랍게도 카세트 복사 스튜디오에서 전주 앞에 나오는 기침 소리가 잡음인 줄 알고 지워버렸지만 굳이 원본을 재복사해서 살려 실었다.)

끝으로, 박노해.

애정의 인사 글 적힌 그의 책을 두어 번 받아보기만 하고 편지 한 장

보내지 못한 미안함. 교도소에서 우리 노래 〈사랑하는 이에게〉 등을 너무 자주 틀어 주어서 많이 배우고 나오셨다고 장기표 선생이 얘기하시던데 거기 경주교도소는 어떠신지……. 그 노래들도 사랑해 주시길……. 우선은…….

아, '박노해, 김진주, 백태웅'……

■ L.A. 스케치

해는 기울고, 한낮 더위도 식어
아드모어 공원 주차장 벤치에는 시카노들이
둘러앉아 카드를 돌리고
그 어느 건물보다도 높은 가로수
빗자루 나무 꼭대기 잎사귀에 석양이 걸릴 때
길 옆 담벼락 그늘에 기대어 졸던 노랑머리의 실업자들이
구부정하게 일어나 동냥 그릇을 흔들어댄다
커다란 콜라 종이컵 안엔 몇 개의 쿼터, 다임, 니켈

남쪽 빈민가 흑인촌 담벼락마다
온통 크고 작은 알파벳 낙서들
아직 따가운 저녁 햇살과 검은 노인들
고요한 침묵만이
음, 프리웨이 잡초 비탈에도 시원한 물줄기의 스프링클러
물 젖은 엉겅퀴 기다란 줄기 캠리 차창 밖으로 스쳐가고
은밀한 베벌리 힐스 오르는 길목
티끌, 먼지 하나 없는 로데오 거리
투명한 쇼윈도 안엔
자본보다도 권위적인 아, 첨단의 패션

엘 에이 인터내셔널 에어포트 나오다
원유 퍼 올리는 두레박들을 봤지
붉은 산등성이 여기저기, 이리 끄덕 저리 끄덕

노을빛 함께 퍼 올리는 철골들
어둠 깃들어 텅 빈 다운타운 커다란 박스들과 후진 텐트와 노숙자들
길가 건물 아래 줄줄이 자리 펴고 누워 빌딩 사이 초저녁별을 기다리고
그림 같은 교외 주택가 언덕 길가 창문마다 아늑한 불빛
인적 없는 초저녁 뽀얀 가로등 그 너머로 초승달이 먼저 뜬다

마켓 앞에서 식수를 받는 사람들
리쿼에서 개피 담배를 사는 사람들
버거킹에서 늦은 저녁을 먹는 사람들
아, 아메리카 사람들
캘리포니아의 밤은 깊어가고
불 밝은 이층 한국 기원, 코리아타운
웨스트 에잇스 스트리트 코메리칸 오피스
주차장 긴 철문이 잠길 때
길 건너 초라한 아파트 어느 골목에서
앨에이 한밤의 정적을 깬다
"백인들은 도대체 어디 있는 거야,
미국에 와서 백인들을 잘 못 보겠어"
"따당, 따당땅, 따당 땅 땅"
한국 관광객 질겁에 간 떨어지는 총소리
따당, 따당땅, 따당 땅 땅

_1992. 9.

* 이 노래를 미주에 사는 한인 청년들께 드린다.

L.A. 스케치

굿거리 장단

해는 기 울고 - 한낮 더 위 - 도 - 식 어 - 아드모어 공원주 차장 벤치에는 시 카노들이둘러 앉아 - 카드를돌리고 그어느

건물보다도 높은 가로수 빗자루나무 꼭대기잎사귀에햇살이걸릴때 - 길가 담벼락그늘에기대어 - 졸던 노랑머리의 실업자들이 - 구

부정 - 하게 - 일어나 - 동냥 그릇을흔들어댄 다 - 커다 란 콜라 종이컵안엔 - 몇개의 쿼터다임닉켈

* 주

— 아드모어 공원: 미국 L.A. 한인촌 인근의 야구장 겸 공원. 92년 흑인 폭동 직후 미주 이민 사상 최초로 10만여의 한인들이 모여 궐기대회를 열었던 곳이며, 그해 8월, 정태춘의 공연이 거기서 있었다.

— 시카노: 멕시코 사람들에 대한 속칭.

— 빗자루 나무: 잔가지 없는 높다란 줄기 끝에 빗자루처럼 잎사귀가 달린 종려나무.

— 쿼터, 다임, 니켈: 25센트, 10센트, 5센트짜리의 미국 주화.

— 캠리: 일제 승용차.

— 베벌리 힐스: L.A. 근교의 고급 주택가.

— 로데오 거리: 베벌리 힐스 인근의 고급 패션 거리.

— 리쿼: 술 등을 취급하는 작은 (구멍)가게.

— 웨스트 에잇스 스트리트 코메리칸 오피스: 西8가 한인 상가.

두어 차례 미국엘 다녀왔다. 가보니 거기 바로 미국이라는 나라가 있었다. 그 게 참 신기했다.

많이 다른 자연환경이나 거리의 모습들, 거기 다양한 사람들. 복잡하고 너절한 대도시와 평화로운 교외, 광활한 대지의 다양한 환경들.

거기 한 도시의 변두리에 자리 잡은 한인 타운은 무엇인가?

거기 한국인들이 있었다. 김치찌개, 된장찌개를 파는 음식점이며 구식 다방에, 바둑 기원에, 한인 방송국에, 세탁소에, 야채가게에 조선 사람들 이 있었다.

본국보다 오히려 활기차게, 구김살 없이, 열심히 살아가는 사람들을 보 았다.

우리가 92년도 공연 준비하느라 한창 바쁠 때, 그 일을 도와주러, 공연 에 참여하러 일과가 끝나는 대로 며칠 밤씩이나 모여 주는 동포 젊은 친구 들이 있었다.

90년도엔가는 혼자서 처음으로 뉴욕엘 갔었는데(세계 한인 대학생들의 행사가 있었고, 거기서 초청공연을 했었다), 그땐 한 사흘 머물다 와서 무슨 영화 세트 속에 잠깐 들어갔다 나온 것 같았고, 92년 여름에 두 번째로 로스 앤젤레스와 샌프란시스코에서의 공연을 위해 아내와 딸, 그리고 기획일 보 는 친구와 함께 가서 한 스무날쯤 있었다.

비자 문제 등으로 우리 네 사람 진이 다 빠질 만큼 미국 대사관과 씨름 을 하는 등 우여곡절도 많았고, 그로 인해 로스앤젤레스 공연은 나 혼자 할 수밖에 없었지만 거기 젊은이들과 함께 만든 그 공연들이 뜻깊었다.

샌프란시스코의 상쾌한 기후와 L.A.의 햇살, 거기 친구들과 함께(그들 도 대개 첫 관광으로) 둘러본 디즈니랜드, 그랜드캐년, 라스베이가스 등등. 그렇게 다녀온 뒤로 한동안 어찌나 거기가 그립고, 또 가고 싶던지.

내가 미국에 환장을 했나?

아니, 그렇게 어려운 공연을 함께 만들고, 함께 쏘다녔던 친구들이 보고 싶어서였다. 사람 좋은 서승 씨 부부, 돈 많이 쓴 이충열 씨, 헌신적으로 일을 치러 냈던 창영이, 후권이, 주영이, 정수, 본회, 그리고도 많은 친구들. 또, 어려운 환경 속에서도 열심히 운동하시는 많은 분들. 본국 사람들보다도 훨씬 소박하고 순수한 사람들.

그들이 다시 보고 싶어서였다.

이 노래는 그분들께 드리는 노래이다. 조금도 과장이나 허구 없이 그이들이 늘상 대하는 그이들의 일상을 한 구경꾼이 둘러보고 쓴 노래이고, 고향 생각, 조국 생각도 좀 나라고 장고며 풍물 소리도 넣었다.

부디 모두 잘들 사시기를…….

■ 나 살던 고향

육만 엥이란다
후꾸오까에서 비행기 타고
전세 버스 부산 거쳐, 순천 거쳐
섬진강 물 맑은 유곡나루
아이스박스 들고, 허리 차는 고무장화 신고
은어 잡이 나온 일본 관광객들
삼박 사일 풀코스에 육만 엥이란다
초가지붕 위로
피어오르는 아침 햇살
신선하게 터지는 박꽃 넝쿨 바라보며
리빠나 모노 데스네, 리빠나 모노 데스네
깨스 불에 은어 소금구이
혓바닥 사리살살 굴리면서
신간선 왕복 기차 값이면
조선관광 다 끝난단다 음, 음
육만 엥이란다

초가지붕 위로
피어오르는 아침 햇살
신선하게 터지는 박꽃 넝쿨 바라보며
리빠나 모노 데스네, 리빠나 모노 데스네
낚싯대 접고, 고무장화 벗고
순천의 특급호텔 싸우나에 몸 풀면

긴 밤 내내 미끈한 풋가시내들
써비스 한번 볼 만한데 음, 음
환갑내기 일본 관광객들
칙사 대접받고, 그저 아이스박스 가득, 가득
등살 푸른 섬진강 그 맑은 몸값이
육만 엥이란다

나의 살던 고향은 꽃피는 산골
나니나니나

_1992. 6.

---

* 곽재구 詩集 『서울 세노야』 중에서 〈유곡나루〉 전문과 작곡자 일부 가필.
* 주
  ― 리빠나모노데스네: '훌륭하구만'이라는 뜻의 일본어.

나 살던 고향

육 만 엥 이 란 다 - -

후쿠오카에서 - 비행기타고 - 전세버스부산거쳐순천거 - 쳐 섬진강 - - - 물맑은 - - - 유곡나루 - -

아이스박스 들고허리차는고무장화신고은어잡이나온일본관광객 - - 들 삼박사 일 - - 홀코스 에 - - 육만엥이 란 - - 다 - 어 - -

초 가 지 붕 위 - 로 피 어 오 르 는 아 침 햇 살 -

신 선 - 하 게 - 터 - 지 는 - 박 꽃 넝 쿨 바 라 보 며 리 빠 나 모 노 - 데 스 네 -

리 - 빠 나 모 노 - - 데 스 네 - 까 스 불 에 은 어 소 금 구 이 혓 바 닥 사 리 살 살 굴 리 - - 면 서 신 간 선 왕 복 기 차 값 이 - - 면

115

조선-관광-다 끝난단다- 음 - - - 음 음 - - - 음 육-만 엥 - -이-란- 다

음 환갑내기일본관 - 광객들칙사대접받고그저아이스박스 가득가득 등살푸른- -섬진강- - - -그맑은몸값- -이-

육-만 엥 - -이-란- 다 나의- -살-던 고향은 꽃피-는-산-

골 (나니 나니 나)

한동안의 떠들썩했던 시기도 지나고 새 노래를 써야 하는데 그게 잘 안돼서 애를 먹던 시기가 있었다. 그래서 어느 공연장에서는 "이제 내 노래도 끝인가 보다, 화두가 떠오르지를 않는다……"운운했더니 그 뒤 몇몇 기자들의 질문 이 주로 그런 부분으로 집중됐고, "이제 노래 운동도 딜레머에 빠졌다" 운운 하는 기사들로 골치 아픈 시기였다.

그때 쯤 민예총의 염무웅 선생께 "근래 읽을 만한 시집들 좀 추천해 주 십시오"했더니 대뜸 "곽재구의……" 하신다.

그래서 처음으로 그의 시들을 보게 됐는데, 그간 강렬한 시들에만 익숙 해 있었던 나로서는 좀 미지근한 느낌도 없지 않았으나 인간적인 체취 같 은 것이 느껴져서 참 좋았다. 그리고 싸움의 한가운데서가 아니라 그 주변 의 아니, 어쩌면 이 땅, 이 민중의 중심에 더욱 가까이에서 그들의 숨소리를 전하고 있는 것 같아 참으로 '신선'했다.

사실 노래를 만들기 위해선 누구에게나 새롭고 신선한 영감들이 계속 필요한데, 내 삶 자체가 가끔씩은 그야말로 신선한 예술적 영감을 접할 만한 변변한 것도 못되고, 또는 어떤 삶 속에서도 하찮고 작은 하나의 화 두로부터 하나의 이야기(노래)를 이끌어낼 수 있을 만한, 인간과 세상에 관한 진지하고 깊은 탐색도 없고, 지금 당장 누구를 위해서 무엇을 써야 한다는 긴박한 요구도 없는, 또 이 세상은 이제 어떻게 돌아갈 것인가에 대한 확신도 희미해진 상황에서 그야말로 '새 노래'에 관한 고민은 심각할 수밖에 없었다.

그래서 지금 시인들은 어떤 고민들을 하고 있나, 어떤 노래를 부르고 들 있나 하는 생각으로 당시 무슨 거창한 문학상 수상 후보 시집들을 주욱 읽어보았는데 별 오는 느낌을 못 받았고, "뭐 다른 게 없나?"하던 때였다.

그래서 그이의 시집을 몇 권 내리읽으면서 때때로 그가 외치는 구호들조차도 맑고 편안하다는 느낌과 그이의 심성도 그렇게 좋은 사람 같아 부럽기도 했다.

아무튼 그렇게 해서 내 노래와 제대로 만난 시가 '유곡 나루'인데, 사실은 그 시 말고도 노래가사로서의 정형성을 생각하며 만든 것 같은 것들이 몇 편 더 있었다.

한 시간이나 걸렸을까? 시 첫 구절에 선율 테마와 리듬을 잡고 전체 구상을 끝낸 것이. 그래, 트로트로 가자. 이열치열이지. 그리고 중간쯤엔 시나위조로 완전히 반전시키고. 조선의 처녀야, 아, 2절도 제대로 맞아떨어지는구만. 몇몇 부분은 몇 음절씩만 가감하고. 그런데, "등살 푸른 섬진강 그 맑은 몸값이 육만 엥이란다"정도로 끝내서는 안 되지. 이건 노래야. '나의 살던 고향은 꽃피는 산골'을 단조로 넣자. 그래도 미진한데……. 그래, 순헌이가 잘 쓰던 말 "좆돼 부렀다"로 끝내자.

광주의 곽재구 씨하고 통화가 됐다. 양해가 됐다. 책까지 하나 보내주었다. 그리고 얼마 후 광주에서 공연이 있었고, 그 공연장에서 만나기로 되었다.

전남대 강당에서 공연이 시작되기 전, 우린 학교 옆 공사장 인부 식당에서 백반을 먹고 있었고, 그이가 거길 들어왔다.

"곽재굽니다."

해맑은 얼굴, 좋은 인상. 천상 곽재구였다. 나하고는 동갑내기다.

공연이 시작되고 몇 곡을 부른 뒤,

"새 노래를 부르겠는데요. 제가 처음으로 다른 사람의 글에 선율을 붙인 노래입니다. 본래 이 시의 제목은 '유곡 나루'였지만 작가의 양해를 구해서 '나 살던 고향'이라고 새로 노래 제목을 붙였습니다. 바로 그 작가이신 곽재구 씨가 이 자리에 와 계십니다. 함께 들어주십시오."

그이가 최근 그이의 책 『내가 사랑한 세상, 내가 사랑한 사람들』에 이렇게 썼다.

"이 글을 쓴 얼마 뒤 가수 정태춘으로부터 전화를 받았다. '유곡 나루'에 곡을 붙였는데, 한 가지 양해할 일이 있다는 것이었다. 무엇이냐고 물으니, 글의 맨 마지막에 임의로 '나의 살던 고향은……좆돼 부렀다'라는 가사를 덧붙였다는 것이다. 그것은 양해할 사항이 아니었다. 사실은 어디까지나 사실일 뿐. 그로부터 몇 달 뒤, 어느 공연장에서 그가 '유곡 나루'를 처음 부르는 것을 들을 수 있었다. 민요와 뽕짝을 가미한 그 곡은 관객들에게 상당한 설득력을 보여 주었는데 특히 관객들이 제일 열렬한 반응을 보인 곳은 바로 그가 양해를 구한 대목이었다."

이후 나는 다른 공연장에서 이 노래를 부른 후에 꼭 이 이야기를 한다.

"이 노래는 곽재구 씨의 시 '유곡 나루' 전문입니다. 물론 맨 뒷부분은 제가 추가했구요. 그 시인께서 공연장에서 이 노래를 듣고는 대단히 만족해하더라구요, 특히 맨 뒷부분을……. 여러분, 바로 그 끝부분을 잊지 말고 불러야 합니다."

지난 여름 일본 공연을 갔을 때 이 곡이 공연순서에 들어 있는 것을 알고 그 지역 어느 신문에 "일본인 기생관광 풍자곡……" 등의 기사 제목으로 오르기도 했었다.

아, 일본에서도 대체로 어렵게 사는 사람들이 움직일 수 있는 해외여행 코스가 바로 한국 관광이라던데…….

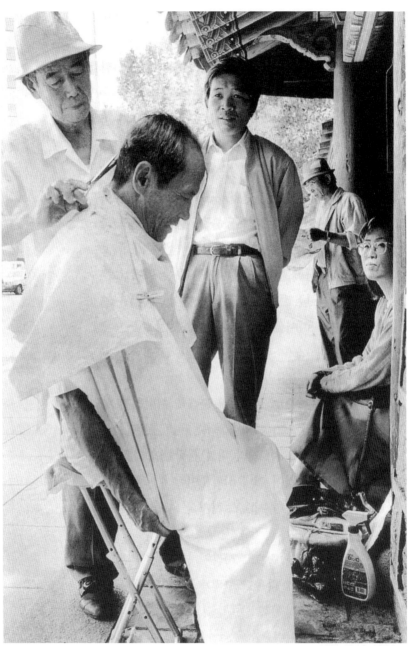

■ 사진: 김승근

■ 92년 장마, 종로에서

모두 우산을 쓰고 횡단보도를 지나는 사람들
탑골 공원 담장 기와도 흠씬 젖고
고가차도에 매달린 신호등 위에 비둘기 한 마리
건너 빌딩의 웬디스 햄버거 간판을 읽고 있지

비는 내리고
장마비 구름이 서울 하늘 위에
높은 빌딩 유리창에
신호등에 멈춰서는 시민들 우산 위에
맑은 날 손수건을 팔던 노점상 좌판 위에
그렇게 서울은 장마권에 들고

다시는,
다시는 종로에서 깃발 군중을 기다리지 마라
기자들을 기다리지 마라
비에 젖은 이 거리 위로 사람들이 그저 흘러간다
흐르는 것이 어디 사람 뿐이냐
우리들의 한 시대도 거기 묻혀 흘러간다
워, 워…
저기 우산 속으로 사라져가는구나
입술 굳게 다물고 그렇게 흘러가는구나

비가 개이면
서쪽 하늘부터 구름이 벗어지고
파란 하늘이 열리면
저 남산 타워쯤에선 뭐든 다 보일게야
저 구로공단과 봉천동 북편 산동네 길도
아니, 삼각산과 그 아래, 또 세종로 길도

다시는,
다시는 시청광장에서 눈물을 흘리지 말자
물대포에 쓰러지지도 말자
절망으로 무너진 가슴들 이제 다시 일어서고 있구나
보라, 저 비둘기들 문득 큰 박수 소리로
후여, 깃을 치며 다시 날아오른다, 하늘 높이
훠이, 훠이… 훠이, 훠이
빨간 신호등에 멈춰 섰는 사람들 이마 위로
무심한 눈길 활짝 열리는 여기 서울 하늘 위로

한 무리 비둘기들 문득 큰 박수 소리로
후여, 깃을 치며 다시 날아오른다, 하늘 높이
훨, 훨, 훨…

_1992. 9.

92년 장마, 종로에서

모 두

우산을쓰고횡단보 - 도를지나는 사람들 - - 탑골 공원 - - 담장기와도 - 흠씬 젖고 - - - 고가

차도에매달린신호등위에비둘기 한마리 - - 건너 빌딩의웬디스햄버거간판을읽고 있지 - - - 비는

내 리고 - 장 마 비 구 름 이 - - 서울 하늘위에 - - 높은 빌 딩유리 창에 - 신호

등에 - 멈춰서는 - 시민 - 들 우산위에 - - 맑은 날손수건을팔던 - 노점 - 상 좌판위 에 - - 그렇

게 서울은장마권에들 고 다시 는 다시는종로에서깃발 군중을기다리지 마라 - 기자

들을 기다리지 마라 - 비에 젖은 이거리 위로 - 사람 들이그저흘러간 다 흐르는

것이 - - 어디 사 람뿐 이 나 - - - 우리 들의한시 - 대 도 거기 묻혀 - 흘러간다 -

워 ─ 워 ─ ─ 워 ─ 워 ─ 워 ─ ─ 워 ─ 워 ─ ─ 워 ─ 워 ─ 워 ─ (저기)우산

속으로 ─ 사 라 져 가 는 구 나 (입술)굳게 다 물 고 그 렇 게 흘 러 ─ 가 는 구 나

음 ─ ─ ─ 음 ─ 음 ─ ─ ─ 오 ─ ─ ─ 오 ─ 오 ─ ─ ─

나 한무리 비둘기들 ─ 문득 큰박수 소리로 ─ ─ 후여 깃을치며 ─ 다시 날아 오른다 ─ 하늘높이 ─

휘 이 휘 ─ 이 휘 이 휘 이 휘 이 ─ 휠 ─ 휠 ─ ─ 휠 ─ ─ 휠 ─ ─ 휠

내 활동의 중요한 시기였던, 내 나이로서도 매우 중요했던 시기인 91년도까지의 한 시기도 가고, 92년 장마가 시작될 무렵 나는 탑골 공원 앞을 다시 걸어가고 있었다. 저 거리, 넓은 차도를 가득 메우며 함성으로, 깃발로, 구호로 넘쳐 흘러가던 그 많은 군중들. 그 하나하나의 눈빛들과 그 열기. 그 군중들을 찍기 위해 고가도로 위로 줄줄이 늘어서서 셔터를 눌러대던 그 많은 사진기자들. 그들은 모두 어디 갔을까?

차도 위엔 끊임없는 자동차들의 물결, 그저 횡단보도의 신호등이 파란색으로 바뀌어 주기만을 기다리는 우산 속의 무표정한 얼굴들, 그들 등 뒤로 칙칙한 우산을 들고 역시 말없이 흘러 지나가는 저 많은 사람들, 그 옆의 비닐 덮은 노점상 좌판대. 그때 그 고가도로 밑에는 비에 젖은 초췌한 비둘기들. 그들이 바라보는 여전히 현란한 저 거리의 간판들.

희망은 이렇게 끝내 무너져버린 것일까?

그렇지는 않지, 그래서는 안 되지.

지금은 우리가 그 새로운 세상, 그 모습을 보란 듯이 그려내지는 못할지라도 그 세상에 관한 꿈조차 잃어버린 것은 아니지. 비가 개이면, 칙칙한 우산들이 걷히고 우리의 표정들을 서로 다시 읽을 수 있을 때 우린 그걸 다시 확인할 수 있을 거야. 우리의 희망은 좌절되거나 폐기처분된 것이 아니라 아직도 그 사람의 물결 속에 함께 흐르고 있음을. 아름다운 세상, 그것은 저 비둘기의 눈빛으로도 확인할 수 있을 거야. 날개짓으로도 확인할 수 있을 거야.

그래, 그들이 먼저 날아오를 테지. 우리가 다시 구호를 외치지 않더라도, 깃발을 다시 휘두르지 않더라도, 함성으로 군중이 되어 이 거리를 다시 메우지 않더라도. "비가 개이면 / 서쪽 하늘부터 구름이 벗어지고 / 파란 하늘이 열리면" 그들이 먼저 날아오를 테지.

우리는 다시 주변을 둘러보고, 서로를 확인하고 그리고, 그 파란 하늘을 바라보면 돼. 거기 우리들보다 먼저 힘차게 깃을 치며 날아오르는 그 비둘기들을 바라보면 돼. 그렇게 이 종로 거리와 우리들 자신과 우리들의 희망을 다시 바라볼 수 있으면 돼.

"파란 하늘이 열리면" 비둘기들은 힘차게 다시 비상할 거야.

저 파란 하늘을 향해, 힘차게.

훨, 훨, 훠얼……

그는 더 이상 고향을 그리워하지 않는다. 그에게 고향은 더 이상 옛날 추억 속의 고향이 아니다. 그가 노래하고 부대껴 나가야 할 공간은 바로 이 서울특별시, 번잡하고 공기 탁한 대도시의 한복판이다.

■ 사진: 김승근

정태춘, 박은옥의 음반과 책

정태춘, 박은옥 발췌곡집 1
1987년 11월 발매 (ㅅㅁ 01-1, 2, 3 음반)
회상/ 시인의 마을/ 봉숭아/ 떠나가는 배/ 우리는/ 서해에서/ 북한강에서/ 바람/ 탁발승의 새벽노래/ 사랑하는 이에게/ 촛불/ 윙 윙 윙

정태춘, 박은옥 무진 새노래
1988년 3월 발매 (ㅅㅁ 02-1, 2, 3 음반)
실향가/ 이 사람은/ 고향집 가세/ 아가야, 가자/ 우리가 추억이라 말하는/ 한밤중의 한 시간/ 사랑하는 이에게2/ 그의 노래는/ 얘기2

정태춘, 박은옥 발췌곡집 2
1991년 8월 발매 (ㅅㅁ 03-1, 2, 3 음반)
한여름 밤/ 우리들은/ 사망부가/ 장서방네 노을/ 서울의 달/ 들 가운데서/ 하늘 위에 눈으로/ 얘기 1/ 애고, 도솔천아

아, 대한민국···
1990년 10월 발매 (ㅅㅁ 04-2 음반)
아, 대한민국···/ 떠나는 자들의 서울/ 우리들의 죽음/ 일어나라, 열사여/ 황토강으로/ 한여름 밤/ 인사동/ 버섯구름의 노래/ 형제에게/ 그대 행복한가/ 우리들 세상

책/ 정태춘
1989년 11월 한울출판사 발매 (ㅅㅁ 05 책)
정태춘의 노래가사, 악보, 노래평, 연보 등이 실린 책

92년 장마, 종로에서
1993년 10월 발매 (ㅅㅁ 06-1, 2, 3 음반)
양단 몇 마름/ 저 들에 불을 놓아/ 비둘기의 꿈/ 이 어두운 터널을 박차고/ 사람들/ L.A. 스케치/ 나 살던 고향/ 92년 장마 종로에서

4-2. 그 외의 노래들

■ 우리네 식대로—목숨

목숨, 목숨, 귀한 목숨, 함께 사는 목숨
우리네 사람들 우리네 식대로
거기네 사람들 거기네 식대로
먹고 입고 사는 목숨

목숨, 목숨, 귀한 목숨, 함께 사는 목숨
헐렁한 바지, 등거리, 잠뱅이
노동하는 사람들 해방하는 옷이네
우리네 몸매를 살리는 옷이네

목숨, 목숨, 귀한 목숨, 나누며 사는 목숨
보리밥, 쌀밥, 김치에 된장국
위장병, 성인병 해방하는 음식이네
우리네 건강을 살리는 음식이네

목숨, 목숨, 귀한 목숨, 나누며 사는 목숨
창호문에 온돌방, 안마당에 사랑채
어린이, 늙은이 함께 사는 집이네
우리네 공동체 살리는 집이네

_1987. 6.

* 당시 '민족생활문화연구소' 행사에 참여하면서 만든 노래이다.

우리네 식대로

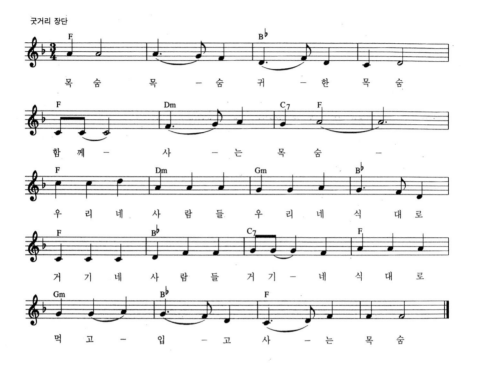

굿거리 장단

목 숨 목 — 숨 귀 — 한 목 숨

함 께 — 사 — 는 목 숨 —

우 리 네 사 람 들 우 리 네 식 대 로

거 기 네 사 람 들 거 기 — 네 식 대 로

먹 고 — 입 — 고 사 — 는 목 숨

■ 에헤라 친구야

에헤라 친구야, 박꽃을 피우세
초가집 추녀에 박넝쿨 걸고
박꽃을 피우세

에헤라 친구야, 아침이 밝아오네
떠오는 햇살이 구름을 깨치니
새 아침이 밝아오네

에헤라 친구야, 삽 들고 나가보세
막힌 물꼬 트고, 두렁일랑 다지고
삽 들고 나가보세

에헤라 친구야, 품앗이 일 나가세
우리네 농사꾼 참세상 형제라
저 논배미 일 나가세

에헤라 친구야, 옷소매를 걷어보세
팔뚝의 힘살이 노동의 꽃이라
불끈 한 번 힘줘보세

에헤라 친구야, 두레도 놀아보세
농민가 부르며 춤사위도 크게
두레도 놀아보세

에헤라 친구야, 하늘을 바라보세
두레판 마당의 불꽃과 숨결이
달빛보다 더 뜨겁지

에헤라 친구야, 박꽃을 피우세
모두들 잠든 밤 지푸라기 울타리
꿈처럼 꽃 피우세

_1989. 8.

---

* 전에 만들어져 있던 선율에 새로 가사를 만들어 붙인 것이다. 아직 녹음을 하거나 공연
에서 불러보진 않았다. 그럴 기회가 된다면 아마도 이젠 이 가사로 부르게 될 것 같다.

에헤라 친구야

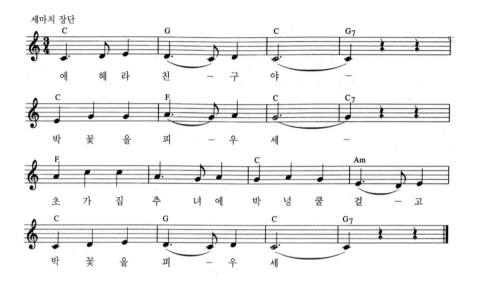

세마치 장단

에 헤 라 친 ― 구 야 ―

박 꽃 을 피 ― 우 세 ―

초 가 집 추 녀 에 박 넝 쿨 걸 ― 고

박 꽃 을 피 ― 우 세

■ 가을은 어디

무덥던 여름 지나면 온댔지, 깊은 하늘과 상쾌한 바람으로
모든 산등성이 곱게 물들이고 기어코 온댔지, 좋은 가을
그러나, 푸른 하늘은 어디, 맑은 햇볕 뭉게구름은 어디
우리 학교 창문 열고 공부할 수 있는 좋은 바람, 가을은 어디

학교 마당엔 나뭇잎 떨어지고 검푸른 잎새 그대로 떨어지고
콜록거리는 애들의 도화지엔 연기에 떨어지는 비행기
아, 푸른 하늘은 어디, 맑은 햇볕 새털 구름은 어디
우리 엄마 어지러움병 낫게 해줄 좋은 가을, 가을은 어디

공장 도시엔 언제나 연기만이, 엄마 시장엔 날리는 잿가루
어떤 애들은 벌써 이사 가고, 다시 돌아오는 친구는 없지
아, 푸른 하늘은 어디, 붉은 노을 양떼 구름은 어디
먼지 없이 맛있는 떡볶이 먹을 수 있는 그 가을, 가을은 어디
어디…

_1990. 11.

* 한 지방 MBC—TV의 환경관련 특집 프로그램 주제곡으로 의뢰받아 쓴 곡이다.

가을은 어디

무덥던 여름 지나 면 온 - 댔 지 깊은
하 늘 과 상 쾌 한 바 람 으 로 모 든
산 등 성 이 곱 게 물 들 이 고 기 어
코 온 댔 지 좋 은 가 을 - 그 러
나 푸 른 하 늘 은 어 디 - 맑 은
햇 볕 뭉 게 구 름 은 어 디 - 우 리
학 교 창 문 열 고 공 부 할 수 있 는 좋 은
바 람 - 가 을 은 - 어 디 - 학 교
- 어 디 -

■ 샛강에서 수도꼭지까지

침침헌 공장엔 기계들이 돌아가고
커다란 탱크엔 화학약품이 윙윙 돌고
지독헌 냄새 속에 노동자들의 코뼈가 삭고
두 눈은 퀭허고 어깨도 축쳐지고
해지고 어두우면 높다란 굴뚝 위로
꾸역꾸역 피어나는 뽀얀 연기 하늘을 덮고
하수구 비밀 구멍으로 밤새워 콸콸콸콸
사람 죽이는 독헌 물이 샛강으로 흘러든다

가자, 졸졸 흘러가자, 검은 모래, 썩은 물풀 헤쳐가자
샛강에서 큰 강까지 수원지 지나 수도꼭지까지 흘러가자

수도꼭지를 트니 콸콸콸 물 나온다
물정권 수압 좋다, 강력하게 쏟아진다
큰 강의 그 냄새요, 샛강의 그 냄새가
TK의 본거지에 우선적으로 공급된다
바가지에 물 받다가 밥 지을까 국 끓일까
피부암 태아 이상 설사병 좔좔좔
음료수 생산 유통에 폐수도 생산 유통
음료수 독과점에 폐수도 특혜 배출

요놈의 세상 살 만한가, 땅 속으로 샛강으로 독이 흐르고
수도꼭지에 그 물이 흘러 임신부도 갓난아기도 그 물을 먹는데

요놈의 세상 살 만한가, 샛강에서 수도꼭지까지 독이 흐르고
요놈의 세상 살 만한가, 수도꼭지에서 탯줄까지 독이 흘러

　　그런데, 이 땅에 우리와 함께 살고 있는
　　저 자본가와 지배자들도
　　과연 우리와 함께 그 수돗물을 먹고 산다던가요?
　　저들도 우리처럼 그 물로 저들의 밥을 지어먹는다던가요?
　　그 물로 저들 태 속의 저들의 새끼들을 키운다던가요?

요놈의 세상 살 만한가, 샛강에서 수도꼭지까지 독이 흐르고
요놈의 세상 살 만한가, 수도꼭지에서 탯줄까지 독이 흘러

_1991. 3.

* 대구의 '두산' 페놀 사태가 발생하며 쓴 곡이다.

샛강에서 수도꼭지까지

침 — 침한 공 — 장엔 기계 들이 돌아 — 가고 커 — 다란 탱 — 크엔 — 화 — 학약품이윙윙 돌 — 고

지 — 독한 냄새 속에 노동 자들의 코뼈 가 삭고 두 — 눈은 — 뗑 — 하고 어 — 깨 — 도 — 축 처 지 고 —

가 자 졸 졸 — 흘 러 가 자 — 검은 모래 썩은 물 풀 헤 쳐 가 자 —

샛 강 에 서 — 큰 강 까 지 — 수 원 지 지 나 수 도 꼭 지 — 까 지 흘 러 — 가 자 — —

■ 도두리의 봄

경기도 평택군 팽성면 도두리 읍, 거긴 이제 내 고향이 아냐
봄 들판 못자리 차가운 무논에 알량한 햇볕이 번지고
사람 떠난 폐가 구멍난 창호문마다 봄바람이 사리살살 불어도
젊은 처녀 총각들 버글대지 않는다면, 이제 거긴 내 고향이 아냐

왜냐구? 희망이 없으니까
아, 백여 호가 넘는 동네 집집마다
한 십 년 새에 주인들이 그저 죄다 바뀌고
아니면, 주인들이 집 버리고 떠나서 무너진 채, 버려진 채,
썩어 풀 돋는 지붕이 한 두 집이 아니고…
아니, 거기 남아 사는 사람들 얼굴을 보면 알지
대개는 희망이 없다 그 말이여, 사는 낙이 없다 그 말

강근이는 미군 부대 공사장에서 떨어져 죽고, 몸뗑이가 워찌 됐겄어
경식이, 승훈이 알콜 중독으로 죽어삐리고,
수용소 가서 치료받고 나왔대더니 또 술 처먹고 바로 바로 죽었지
들이야 넓지유, 땅금이야 비싸지유,
아, 게다가 언제 근래 흉년든 적 있남유
허지만, 허지만 고향 생각 하덜마슈…
이제 여긴 당신네딜 로맨틱헌 고향이 아녀유

참 아름다웠지
봄,
밤새 개구리들이 악을 쓰고 울어대던

텃논배미 여기저기 봄물 담겨 찰랑거리고
그 차가운 무논에 정신 번쩍 들게 신 벗고 들어서면
논배미 잔물결처럼 살랑살랑 불어대던 봄바람
왜 그리 선동적이었을까?

어서 농사 시작들 하라고
봄물 가득 들어오는 용수로 구비구비
몇 십 리, 몇 백 리 멀리서부터 흘러온
그 맑고 차가운 물살
때론, 뚝을 넘치며
때론, 뚝 가의 웃자란 봄풀들 사정없이 쓰러뜨리며
농사꾼들 잠자는 밤 내내, 그들 일하는 해녘 내내
더 멀리, 더 멀리, 마지막 마른 논바닥에까지
소리 내지 않고 다만 흘러가고
들 일 끝내고 노을빛에 젖어 집으로 돌아오는 길
그 물살에 발 씻고, 겨우내 묵은 때까지 흥건히 불려서 벗겨 씻고,
또, 지푸라기로 고무신 벅벅 문질러
그 새 세상 같은 물살에 헹궈 탈탈 털어 신고
접어 올렸던 바지 가랭이마저 풀어 내리면
아, 살맛나는 그 따뜻한 온기

그 바람, 그 물줄기는 어디서 오는 건지
저 먼 세상, 참 신비로운 세상에서
냉정하게, 아주 이성적으로, 혁명적으로
은밀하게 전달하는 비밀스런 문건처럼
겨우내 팍팍했던 가슴들을 우, 설레게 하는,

벌렁벌렁 들뜨게 하는 비밀스런 전갈처럼, 속삭임처럼…
고향에 대한 내 원초적 정서는 바로 이것이었어

그 들판 너머엔 너른 갯벌이 있고
달 밤 밀물 가득히 넘실대다가
사람 네 길, 다섯 길, 뚝 떨어지게 빠지는 새벽녘 썰물 땐
더럽게 푸석한 개흙들을 뻥 뻥 무너뜨리며, 쓸어내리며 퇴각하는
시커먼 갯물의 갯벌이 있고
또 그 너머엔 육지, 야산들과 또 들이 있고
우린 거길 물근너라 불렀지
물근너,
건너다니는 배 한척 없는 미지의 땅

　　경기도 평택군 팽성면 도두리, 허나 이젠 거긴 내 고향이 아니야
　　릿사무소 앞길로 버스가 지나가고 제삿날 더러 서울 놈들이 내려도
　　까라앉는 땅 돋우고 이층 양옥이 몇 채 서고,
　　마루엔 소파 탁자가 으, 편타해도
　　미군 부대 기상나팔보다 먼저 깨서 일하는 동네 사람들이
　　진정 행복하지 않다면
　　아, 거긴 내 고향이 아니야

아침마다 기상나팔 소리, 저녁마다 받들어 총
봉아제 산 레이다 기지 첨탑에 깜박이 불이 들어오고
산너머 하늘로 노을이 붉게 번질 때
잘생긴 미군 애들이 철조망 안, 그들의 영토에서 성조기를 내리고,
성조기여 영원하라!

아리랑 고개 후문으론 노무자들, 하우스 보이들이 퇴근하고,
헌병이 몸수색을 하고,
그때 쯤 임무 교대한 도두리, 함정리 사는 경비원들이
뺑뺑 둘러친 철조망 안, 높다랗게 잘 지은 보초막마다에서
저들이 빌려준 이상한 장총을 메고
그 스러지는 노을을 바라보며 누군가의 영토를 지키고…
"접근하면 발포함!!"

참, 그때
한겨울 얼었던 땅이 풀리고
동네 하늘에 뜬 한낮의 햇덩어리가 달처럼만 보이도록
온통 뿌옇게 황사가 불어치던 초봄
도두리 일대엔 수십 대의 불도저들이 몰려 들어왔지
삽시간에 온 들판을 파헤쳤지
논둑, 밭둑, 꼬불탕거리는 지겟길, 마찻길,
물도랑, 웅뎅이, 벼포기 뽀송한 논바닥
두 번 볼 것 없이 밀어부치고
내원, 보리원, 흥농계, 안상골, 황새울 어디랄 것 없이
온들판을 붕붕거리며, 먼지, 연기 피우며
메꾸고, 깎아내고, 그저 한바탕 편편하게 밀어놓고
홀연히 떠났지
그들이 누구인지도 모르게, 마치 빨치산들처럼

그리곤, 다시 온동네 사람들이 그 벌판에 가래, 삽 들고 달라붙어
가로 세로 반듯 반듯하게, 십장이 줄 대는 대로 들판을 쪼개서
한 구간, 두 구간 논둑들을 쌓고, 용수로, 배수로를 치고…

142

우린, 높이 몇 전에 길이 몇 자로 도급을 받아
얼굴이 새까맣게 타도록, 죽을똥 살똥 모르고
남들보다 조금이라도 더 멀리, 멀리까지 뚝들을 쌓았지

황석영이 객지의 한 장면처럼
들판 한 쪽엔 그야말로 십장들의 함빠가 있고,
또, 우린 그렇게 품삯을 십장한테, 또는, 누군가에게
싸구려 딱지로 팔아버리고…
그들이 모두 떠난 뒤에도
봄 내 모내기 전까지 우린 그 들판에서 또 살았지
끼리끼리 제 논에 작답들을 했지

경기도 평택군 팽성면 도두리, 하지만 거긴 이제 내 고향이 아니야
우리 팔남매가 태어나고 헤매인 들판 동네 지금은 거기 아무도 없고
남은 이들 모두 지쳐 도회만 바라보고, 테레비, 비디오만 쳐다보고
희망이 없다, 무너진다, 저 집 봐라, 뉘 집이냐,
여긴 이제 누구의 고향도 아니야

그래, 남은 이들 맹독성 농약에, 고된 노역에,
저곡가 수매에 몸 망가지고
국민학교 분교마저 폐교되도록 사람의 씨가 마르는
공화국의 소외지역이야

도장산 아카시아 하얗게 피면 뭘하랴, 그 향기 여전히 달콤한들 뭘하랴
거기, 애기 장수 바위 벌써 땅밑으로 묻혀버리고
상수도 꼭지 지하수 콸콸 쏟아지면 뭘하랴,

생활 하수가 온동네 마당 가생이마다
질질 흘러 넘치는데…
도회지 나간 이들 성공하면 뭘하랴, 제사마저 모셔간다는데

떠난 사람들은 모두 성공했다는가?
공장에, 노동판에, 술집에, 사창가에 몸들 팔지 않고
그래, 손에 흙들 안 묻히고, 사철 춥지도 덥지도 않게,
자가용 살살 끌며 모두 성공들 했다는가?
테레비 드라마처럼들 산다는가?
여기보다 더 딱한 사람들은 없다는가?

돌아오지들 마시게, 행여 돌아갈 고향으로는 생각들 마시게
여긴 그 고향이 아니네
그런 고달픈 몸 쉴 곳이 아니네, 사치한 맘 붙일 곳이 아니네

참, 옛날 선거 때 돌아버린
김정식 대통령 소식이 궁금한가?
우리 모두 궁금하긴 마찬가질세
그저 가끔씩 생각들이나 한다네
잘들 지내게

  경기도 평택군 팽성면 도두리, 거긴 이제 내 고향이 아니야
  경기도 평택군 팽성면 도두리, 거긴 이제 절대로 내 고향이 아니야

_1992. 7.

도두리의 봄

세마치 장단

경－－기도 － 평 택 군 － 팽 성－면－－도 － 두 리음－ (거긴 이 제내 고향이 아 냐)

봄－ 들 판－ 못 자 리 차 가－운－ 무－논 에 알－ 량－한－－헷－볕－이 번지고－－

사 람떠 난 폐 가 － 구멍난 창 호－문－ 마 다봄바 람 이 － 사 리 살 살－불 어－ 도 － 젊－은

처 녀－－총 각 들－ 버 글 대 지－－－않 는 다 면－ 음－－－ －(이제 거긴 내 고향이 아냐)

■ 온전한 하나를 위한 동지

지친 어깨 빼앗긴 손길로
사람 사는 세상을 향해
하나의 절반 마침내 눈을 떠
이 절뚝거리는 세상을 향해
이제 누구든 먼저 일어나
엎드려 흐느끼는 이웃까지
모두 일으켜 어깨를 걸고
참사람으로 나아가야지
눈물 거둔 희망의 얼굴로
한숨일랑 외침으로
뜨거운 손 맞잡은 우린
함께 가는 동지
떨리는 그 한 목소리로
우린 사람의 딸, 또 그 어머니
온전한 하나, 하나를 위한
평등과 평화의 동지

_1992. 12.

* 정태춘, 박은옥 공동 작사·작곡.
* '여성의 전화' 주최, 제2회 세계성폭력추방주간 기념, 〈여성이여, 벽을 밀자〉 공연에
참여하며 만든 노래.

온전한 하나를 위한 동지

지친 어깨— 빼앗긴 손 길로— 사람 사는— 세상을 향해— 하나의

절반— 마침내 눈을 떠— 이 절뚝거리는 세상을 향해— 이제

누 구든— 먼저일어 나 엎드려 흐느끼는이웃 까지— 모두

일으켜— 어깨를걸 고 참 사람으로— 나 —가야 지 눈물

거둔— 희망의얼굴 로 한 숨일랑— 외침으로 뜨거

운손— 맞잡은우 린 함께 가는— 동 — 지 떨리

는 그한목 소리로— 우린 사람의딸 또그어 머니— 온전

한 하 나 하나를위한 평 등과 평화의 동 지

5. 〈가요 검열제 철폐 운동〉 자료

공륜의 사전심의 철폐를 위한 싸움은 힘든 싸움이다. 국가와 법을 상대로 하여 눈에 보이지 않는 온 국민의 여론을 방패 삼아 싸워야 하는 것이기 때문이다. 싸움이 좋아서 하는 사람이 있겠는가마는, 그는 이 싸움이야말로 반드시 해내야 하는 것이라고 생각한다. 사진은 모두 1993년 10월 20일 흥사단 3층 강당에서 가진 가요의 사전 심의 거부와 관련한 정태춘 기자회견 및 정태춘, 박은옥의 새 음반 발표회 때 찍은 것이다.

■ 사진: 김승근

가요 작사·작곡가 정태춘의
공륜 심의와 관련한 사례들

정리/ 이영미, '삶의 문화'

정태춘은 묻는다. "당신은 이제까지 당국의 검열을 받지 않고 발표된 노래, 그 검열제도를 의식하지 않고 자유로운 상상력으로 만들어진 노래를 방송을 통해 들어보거나 배워 불러본 적이 단 한 번이라도 있느냐"고. 우리 모두는 지금도 다음 사진과 같은 정부산하 검열기구의 공문서에 "改作"이 아닌, 아라비아 숫자(개작되어 심의 통과된 〈시인의 마을〉 심의번호 "7807-4252" 등)의 심의필 번호가 매겨져서 검열에 통과된 노래들만을 음반을 통해, 방송을 통해 들을 수 있는 것이다.

심의를 담당하는 기관은 공연윤리위원회라는 곳이다. 하지만 심의는 이곳에서

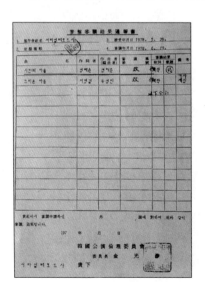

만 이루어지지 않는다. 공륜의 심의는 작품의 발표 자체를 결정짓는 요건이 되므로, 창작자와 음반 제작자는 어떻게 해서든지 심의를 통과하도록 노력하게 되며, 따라서 공륜 심의를 넣기 전에 음반사의 제작자의 손에서 예비적인 심의가 이루어진다. 그리고 그 이전에 이미 창작자의 머릿속에서 심의는 이루어진다. 이 구절은 쓰면 걸릴 것이고 저 구절을 쓰면 통과될 것이고를 창작자는 작품을 쓰는 순간순간 생

152

각하게 되는 것이다. 공륜의 심의가 창작자의 표현의 자유를 가로막는다는 것은 단순히 명분이 아니라, 바로 이렇게 창작자의 머릿속에서부터 심의가 이루어진다는 엄연한 사실에 근거한다.

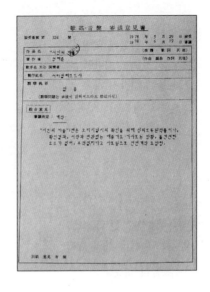

이러한 검열, 심의는 우리 대중가요사의 첫 시작부터 지금까지 지속되었다. 그 결과 창작자와 대중들은 이제으레 대중가요는 이러이러한 것이라는 식의 고정된 틀을 머릿속에 가지고 있게 되었다. 공륜의 심의가 만들어낸 대중가요의 고정된 틀을 창작자와 대중이 모두 내면화하게 되고, 그것이 대중가요의 관행으로 굳어져 버리는 것이다. 그래서 정태춘은 "언젠가 검열제도가 폐지된다고 하더라도 당분간은 그 자유로운 상상력으로 만들어진 가사를 들어보기 쉽지 않을 것"이라고 말한다. 지난 60여 년간의 검열이 우리 대중가요 창작자들의 예술적 상상력을 이미 거세해 버렸고, 대중가요에 대한 왜곡된 고정관념과 작법의 관행들을 뿌리 깊게 심어놓았기 때문이다.

그간의 공륜 심의 내용 중 정태춘이 자신의 곡과 관련해 보관하고 있는 것들을 골라 약간의 해설과 함께 여기 싣는다. 이러한 것이 우리 노래문화사의 중요한 자료라는 점에서, 그리고 평소에 우리가 보고 듣는 대중가요가 모두 이러한 절차를 거쳐 나오는 것이라는 것을 다시 한번 가슴 깊이 느낄 수 있는 계기가 되었으면 하는 바람에서이다.

- 심의 일자 / 1978년 6월 19일
- 심의 곡 / "시인의 마을" 외
- 심의 결정 / "개작"
- 종합 의견 ; "시인의 마을" 1편은 오리지널 시의 확인을 위해 심의 보류된 작품이나, 확인 결과 시작('詩作'으로 추측됨—편집자)과 연결 없는 대중가요 가사로는 방황, 불건전한 요소가 짙어 부적절하다고 사료됨으로 전면 개작 요망함

참고/가사

• 詩人의 마을

창문을 열고 내다봐요/ 저 높은 곳에 우뚝 걸린 깃발 펄럭이며/ 당신의 텅 빈 가슴으로 불어오는/ 더운 열기의 세찬 바람

살며시 눈 감고 들어봐요/ 먼 대지 위를 달리는 사나운 말처럼/ 당신의 고요한 가슴으로 닥쳐오는/ 숨가쁜 벗들의 말발굽 소리

누가 내게 손수건 한 장 던져 주리오/ 내 작은 가슴에 얹어 주리오/ 누가 내게 탈춤의 장단을 쳐 주리오/ 그 장단에 춤추게 하리오

나는 고독의 친구, 방황의 친구/ 상념 끊기지 않는 번민의 시인이라도 좋겠오/ 나는 일몰의 고갯길을 넘어가는/ 고행의 수도승처럼/ 하늘에 비낀 노을 바라보며/ 시인의 마을에 밤이 오는 소릴 들을 테요

우산을 접고 비 맞아봐요/ 하늘은 더욱 가까운 곳으로 다가와서/ 당신의 그늘진 마음에 비 뿌리는/ 젖은 대기의 애틋한 우수

누가 내게 다가와서 말 건네 주리오/ 내 작은 손 잡아 주리오/ 누가 내 운명의 길동무 돼 주리오/ 어린 시인의 벗 돼 주리오

나는 고독의 친구, 방황의 친구/ 상념 끊기지 않는 번민의 시인이라도 좋겠오/

나는 일몰의 고갯길을 넘어가는/ 고행의 수도승처럼/ 하늘에 비낀 노을 바라
보며/ 시인의 마을에 밤이 오는 소릴 들을 테요

(1977. 9.)

※ 공륜의 의견서 중 "오리지널 시의 확인을 위해 심의 보류…"의 내용은 추측컨대
이런 듯하다. 즉 공륜위원들이 이 가사가 정태춘이 지은 가사가 아니라 기존의 시를
가사로 개작한 것이라고 예단하고 원작 시가 무엇인지 확인을 해보았던 모양이다.
이 가사는 정태춘의 '오리지널' 가사였으므로 당연히 원작 시는 찾아지지 않았고, 공
륜 심의위원들은 대중가요 가사로는 부적절하다는 결정을 내렸다. 원작 시가 있었
다면 모르되, 처음부터 대중가요 가사로 만들어진 것 치고는 적절한 내용이 아니라
는 것이 의견서의 내용이다. 원작 시를 다듬어 만든 가사라면 쓸 수 있는 표현도
처음부터 대중가요 가사로 쓴다면 금지되어야 한다는 것일까? 만약 이 가사가 전문
시인의 시였다면 심의 통과 되었을까, 아니면 그래도 대중가요 가사로 부적절하다
고 결정했을까? 자못 궁금하다.
심의 후 당시 음반 제작사인 '서라벌 레코드'('省音社'라는 출판사를 겸하고 있던 그
레코드사에서는 정태춘의 몇몇 가사들을 사장이 직접 수정하였고, 정태춘은 그이에
게 대체로 위임하고 있었다)에서 개작 통과시켜 발표된 가사는 다음과 같다.

1절: 창문을 열고 내다봐요/ 저 높은 곳에 푸른 하늘 구름 흘러가며/ 당신의 부푼
가슴으로 불어오는/ 맑은 한줄기 산들바람/ 살며시 눈 감고 들어봐요/ 먼 대지 위를
달리는 사나운 말처럼/ 당신의 고요한 가슴으로 닥쳐오는/ 숨가쁜 자연의 생명의
소리/ 누가 내게 따뜻한 사랑 건네 주리오/ 내 작은 가슴 달래주리오/ 누가 내게
생명의 장단을 쳐주리오/ 그 장단에 춤추게 하리오

후렴: 나는 자연의 친구, 생명의 친구/ 상념 끊기지 않는 사색의 시인이라면 좋겠오/
나는 일몰의 고갯길을 넘어가는 고행의 수도승처럼/ 하늘에 비낀 노을 바라보며/시
인의 마을에 밤이 오는 소릴 들을 테요

2절: 우산을 접고 비 맞아봐요/ 하늘은 더욱 가까운 곳으로 다가와서/ 당신의 울적한 마음에 비 뿌리는/ 젖은 대기의 애틋한 우수/ 누가 내게 다가와서 말 건네 주리오/ 내 작은 손 잡아주리오/ 누가 내 마음의 위안 돼주리오/ 어린 시인의 벗 돼주리오

그러나 84년 '지구레코드'에서 본래 가사로 심의를 냈으나 문제없이 통과되어 본래 가사로 음반에 실을 수 있게 되었다. 그 이유는 정확히 알 수 없으나 이미 발표된 노래였고, 가사가 바뀐 사실을 확인하지 않은 공륜의 사무착오였다고 알려지고 있다.

- 심의 일자 / 1978년 7월 10일
- 심의 곡 / "사랑하고 싶소" 외
- 심의 결정 / "개작"
- 종합 의견 ; "사랑하고 싶소"는 내용이 너무 직설적이고 통속적임. 3절, "먼 타향으로 떠나고 싶소"는 '사랑하고 싶소'라는 제목과 반대일 뿐 아니라 지나치게 방황을 강조하고 있음

참조/가사

• 사랑하고 싶소

사랑하고 싶소, 예쁜 여자와 말이오/ 엄청난 내 정열을 쏟아붓고 싶소/ 결혼하고 싶소, 착한 여자와 말이오/ 순진한 내 청춘을 모두 바치고 싶소/ 내가 살아 있소, 내가 살고 있소/ 크고 작은 고뇌와 희열 속에/ 멋도 모르고

얘기하고 싶소, 뛰노는 저 애들과 말이오/ 반짝이는 그 눈망울도 바라보고 싶소/ 안겨 보고 싶소, 저 푸른 하늘에 말이오/ 우리 모두의 소망처럼 느껴보고 싶소/ 내가 살아 있소, 내가 살고 있소/ 크고 작은 기대와 소망 속에/ 멋도 모르고

돌아가고 싶소, 내 고향으로 말이오/ 훌륭한 선친들의 말씀 듣고 싶소/ 떠나가고 싶소, 먼 타향으로 말이오/ 내 나라 삼천리 두루 다니고 싶소/ 내가 살아있소, 내가 살고 있소/ 크고 작은 애착과 갈망 속에/ 멋도 모르고

(1977.)

※ 가사를 읽어보면 알겠지만, 이 작품의 가사가 당시 불려지던 수많은 대중가요에 비해서 개작 지시를 받을 정도로 통속적이고 직설적인지는 심히 의심스럽다. '떠나가고 싶소'라는 구절을 '사랑하고 싶소'라는 제목과 모순이라고 지적한 부분 역시 어불성설이며, 방황에 대한 과민반응을 하고 있음을 보여준다.

이 가사는 본래대로 수정 없이 재심의 통과되어 음반에 수록됐는데, 당시 함께 재심의에 들어갔던 〈시인의 마을〉 등을 공륜 요구대로 개작하면서 '선처'를 받은 것으로 알려졌다. 말하자면 몇 편의 작품이 문제가 되었지만, 그중 일부를 공륜의 요구대로 개작하는 선에서 흥정이 이루어진 것이다. 여기에서 미풍양속을 지켜야 하는 공연윤리의 문제가 흥정의 대상이 된다는 사실을 다시 한번 확인하게 된다. 즉 이들 가사가 그들 말대로 정말 미풍양속을 해할 우려가 있는 것이라면, 절대로 심의에서 통과되면 안 되며 흥정의 대상이 될 수도 없는 것이다.

■ 심의 일자 / 1978년 8월 9일
■ 심의 곡 / "젊은이여" 외
■ 심의 결정 / "개작"
■ 종합 의견 ; "젊은이여"의 2절과 3절에서 "우리는 이 땅의 백성", "우리는 이 땅의 민중"은 가요 가사로는 적당치 않음

※ 가사는 지금 남아있지 않음

■ 심의 일자 / 1978년 11월일
■ 심의 곡 / "봄" 외
■ 심의 결정 / "개작"
■ 종합 의견 ; "봄"의 3, 5, 6, 7행 표현 미숙

참고/가사

• 봄

바람 불던 동구 밖에 겨울 빛은 사라지고/ 아지랭이 피어나는데/ 봄이 오면
온다 하던 그 사람은 오고 있나/ 어드메쯤 오고 있을까/ 지난 겨울 들판에서
불장난을 하던 그가/ 봄이 되자 왜 떠났을까/ 무슨 설움 복받쳐서 타박타박
떠나갔나/ 연 날리던 그 길 떠났나
긴 겨울 하늘엔 매만 날고/ 쓸쓸한 빈 들에는 바람이 불어
아이들이 연 날리던 동구 밖에 내가 섰네/ 봄이 오는 소리 들으며/ 어드메쯤
오고 있을 그 사람을 기다리네/ 마을길엔 해가 저무네

(1974. 1.)

※ 이 부분이 심의에 통과되지 못할 정도로 미숙한 표현인지 도대체 이해할 수 없
다. 어쨌든 이 작품은 수정되었고 재심의에서 통과되어서 "박은옥"의 첫 음반에 실
렸다. 그 가사 중 '지난 겨울 들판에서' 부터 '연 날리던 그 길 떠났나'까지의 부분에
해당하는, 개작된 가사는 다음과 같다.

"지난 겨울 들판에서 뛰며 즐겨하던 날을/ 이제 다시 그리워할까/ 잊지 못할 외로움
에 소리 없이 떠나간 이/ 행여 내 생각을 해줄까"

두 가사를 비교해 보면 결국 '불장난'이란 단어와 '설움에 복받쳐서 타박타박', '연 날리던 그 길' 등의 구절이 문제였다는 것이 판명된 셈이다. 그러나 이러한 구절이 심의에서 걸려 잘려 나가야 하는 타당한 이유는 없다. 오히려 원래 가사에 비해 바뀐 가사가 대중가요에서 익숙하게 들어왔던, 그런 의미에서 다소 상투적이라 할 수 있는 그런 가사인 것이다. 원래 가사가 가지고 있었던 정태춘적인 세계, 연 날리고 불장난하던 기억과 설움에 복받쳐 타박타박 떠나가는 농촌적 정서의 표현들이 모두 훼손되어 버린 것이다.

여기서 우리는 중요한 사실을 알 수 있다. 공륜의 제재가 꼭 정치적이거나 사회적인 내용에 국한되는 것이 아니라는 점이다. 즉 공륜의 심의는 작품의 창의성을 인정해 주지 않고 오히려 그 작가의 바람직한 특성과 고유한 색깔을 없애고 일률적이고 평균적인 작품을 양산해내는 데에 기여하고 있다는 점을 알 수 있다. 그러나 아이러니컬하게도, 이때 같이 심의되었던 〈에헤라 친구야〉의 악보 부문 심의 결과는 "개작—'갑돌이와 갑순이'의 모작, 창의성 없음"이었다.

- 심의 일자 / 1979년 7월 19일
- 심의 곡 / "사랑하는 이에게 1" 외
- 심의 결정 / "개작"
- 종합 의견 ; "사랑하는 이에게 1", "사랑하는 이에게 2" / 내용 치졸, 전면 개작. "하늘 위에 눈으로"(박은옥 작사 작곡) / 1행과 7행의 표현이 미숙함, 부분 개사

참고/가사

• 사랑하는 이에게 2

사랑하는 이에게/ 편지를 써요/ 깊은 밤에 일어나/ 다시 읽어요/ 매일처럼 외로운 사랑을 적어/ 보고 싶은 마음을 달래보아요/ 내일 또 만날 걸 알아요/

오래 안 볼 수는 없어/ 하지만 또 떨어져서/ 이렇게 밤이 오면/ 화가 나게 미워요/ 사랑하는 이여/ 내 맘 모두 가져간/ 사랑하는 이여

(1978.)

• 하늘 위에 눈으로

하늘 위에 눈으로/ 그려 놓은 당신 얼굴/ 구름처럼 흩어져/ 오래 볼 수가 없네
산봉우리가 구름에/ 갇히어 있듯이/ 내 마음 외로움에/ 갇히어 버렸네
너무나 보고 싶어/ 두 눈을 감아도/ 다시는 못 만날/ 애달픈 내 사랑

(1978. 박은옥 작사, 곡)

※ 〈사랑하는 이에게 2〉와 〈하늘 위에 눈으로〉는 본래대로 재심의 통과되어 박은옥 2집(시판 안 됨)에 실렸고, 〈사랑하는 이에게 1〉은 지금 가사, 악보가 남아 있지 않다. 그리고 1979년 7월 23일 심의에서 개작 지시를 받은 정태춘 곡 〈오늘〉도 가사, 악보가 남아 있지 않다.

참고/가사

• 思亡父歌

저 산꼭대기 아버지 무덤/ 거친 베옷 입고 누우신 그 바람 모서리/ 나 오늘 다시 찾아가네/ 바람 거센 갯벌 위로 우뚝 솟은 그 꼭대기/ 인적 없는 민둥산에 외로워라 무덤 하나/ 지금은 차가운 바람만 스쳐갈 뿐/ 아, 향불 내음도 없을/ 갯벌 향해 뻗으신 손발 시리지 않게/ 잔 부으러 나는 가네

저 산꼭대기 아버지 무덤/ 모진 세파 속을 헤치다 이제 잠드신 자리/ 나 오늘 다시 찾아가네/ 길도 없는 언덕배기에 상포(喪布)자락 휘날리며/ 요랑 소리 따라가며 숨가쁘던 그 언덕길/ 지금은 싸늘한 달빛만 내리비칠
아, 작은 비석도 없는/ 이승에서 못 다 하신 그 말씀 들으러/ 잔 부으러 나는 가네

저 산꼭대기 아버지 무덤/ 지친 걸음 이제 여기 와/ 홀로 쉬시는 자리/ 나 오늘 다시 찾아가네/ 펄럭이는 만장(輓章)너머 따라오던 조객들도/ 먼 길 가던 만가(輓歌)소리 이제 다시 생각할까/ 지금은 어디서 어둠만 내려올 뿐/ 아, 석상(石像) 하나도 없는/ 다시 볼 수 없는 분 그 모습 기리러
잔 부으러 나는 가네

(1978.)

※ 당시에는 제목이 "사망부곡"이었던 것 같다. 도대체 돌아가신 아버지를 그리는 노래는 왜 대중가요 가사로 부적합한 것일까? 공륜 심의에서 만들어놓은 평균적이고 무난한 대중가요의 모습만을 모든 가요에 우겨 맞추는 또 하나의 실례이다.

■ 심의 일자 / 1981년 10월 12일
■ 심의 종합 의견 ; 〈개작〉 "아리랑"; "한오백년"과 같은 곡으로 제명이 맞지 않고 3절은 일제하의 사실로 현실과 맞지 않으니 삭제 바람. / "시름의 노래"; 가정의 불화 요소를 조장하는 내용. / "애기 노래"; 가정 정서에 어두운 감정 유발과 불안의 요소. / "나그네"; 2절 3행 전체는 특정인을 지칭, 혐오감을 조성 / "장마"; 1절은 해학을 이해할 수 있으나 농도가 지나쳐 바람직하지 못하니 개작 바람. (심의 준거; 윤리 규정 1장 3조, 4조, 8조)

참고/가사

• 아리랑

가마 타고 시집이라고 먼 길 와 보니/ 고개 고개 설운 고개는 왜 이리도 많은지/ 아리랑 아리랑 아라리요/ 아리랑 고개는 열두 고개
시집오던 첫날밤에 하시던 말씀/ 너만 믿고 나만 믿고 잘 살아보자/ 아리랑 아리랑 아라리요/ 아리랑 고개는 열두 고개
초가삼간 정이 들어 살만하더니/ 난데없는 징용이라니 웬 말인가/ 아리랑 아리랑 아라리요/ 아리랑 고개는 열두 고개
서방님은 다시 못 올 저 고갤 넘고/ 새악시는 고갯마루에 목 놓아 운다/ 아리랑 아리랑 아라리요/ 아리랑 고개로 나를 넘겨주소
아리랑 고개 너머 기적 소리/ 내 낭군이 떠난다고 울고 가누나/ 아리랑 아리랑 아라리요/ 아리랑 고개로 나를 넘겨주소

첫 아이를 보기도 전에 떠나간 님은/ 낳아 길러 장가 들이면 돌아오려나/ 아리랑 아리랑 아라리요/ 아리랑 고개로 나를 넘겨주소

고개 넘어 떠나간 님은 돌아오질 않고/ 외로울사 새악시 맘은 고개를 넘네/ 아리랑 아리랑 아라리요/ 아리랑 고개로 나를 넘겨주소

나를 두고 떠나다니 웬 말인가/ 울고 넘어온 이 고개를 울고 넘어가려네/ 아리랑 아리랑 아라리요/ 아리랑 고개로 나를 넘겨주소

(1974.)

• 시름의 노래

네가 운다고 누가 오랴/ 밭 매는 에미의 노래 들어라/ 꽃다운 내 청춘 시들어 간다고/ 시름만 매고 밭은 언제 맬꼬

소금 장수 나간 네 애비한테선/ 오마는 기약도 아직 못 들었나/ 산골의 짧은 해 다 넘어가도록/ 밭에서 부르는 시름의 노래라

재 너머 장터의 흥청거리는 소리/ 들릴 듯 들릴 듯 바람 살랑대고/ 목놓아 울던 아이 제풀에 잠자고/ 산골의 짧은 해 다 넘어 가누나

(1974.)

• 애기 노래 (비야 비야)

오늘은 오랜만에 재 너머 장 서는 날/ 아버지 조반 들고 총총히 떠나시고/ 어머님 세수하고 공연히 바쁘시고/ 내 누이 포동한 볼 눈매가 심란하다

어린 소 몰아 몰아 아버님 떠나시자/ 분단장 곱게 하신 어머님도 간 데 없고/ 영악한 우리 누이도 샛길로 숨어가고/ 산중의 초가삼간 애기 하나가 집을 본다

산중의 애기 하나 혼자서 심심해라/ 우리 오매 어디가고 우리 누이 어디 갔나/ 열린 문 저거 넘어 너두야 따라갈래/ 재 너머 장거리엔 구경거리 많다더라

장거리 구경거리 꿈에나 보자는지/ 애기는 제 팔 베고 스르르 잠이 들고/ 이리 뒤척 저리 뒤척 깊은 잠 못 자는데/ 애기네 집 마당에 먹구름 몰려온다

배고파 깨인 애기 빗소리에 귀가 번쩍/ 문 밖을 내다보다 천둥 번개에 놀라고/ 그래도 꿈쩍 않고 신기한 듯 바라보다/ 무슨 소견 제 있는지 입속으로 중얼댄다

비야 비야 오지마라 재 너머 장거리에/ 소 팔러 간 우리 아배 좋은 흥정에 일다 보고/ 대낮 술에 취하시어 가슴도 후끈한데/ 후드득 소낙비에 소주 탁주다 깨신다

비야 비야 오지 마라 재 너머 장거리에/ 사당패 짓거리에 넋이 나간 우리 오매/ 죄는 가슴 땀나는 손 소낙비에 흥 깨지고/ 정성 들여 곱게 하신 분단장도 지워진다

비야 비야 오지 마라 재 너머 장거리에/ 몰래 나간 우리 누이 비 맞으면 혼이 나고/ 포목전 예쁜 옷감에 공연히 설레이다/ 이리 질척 저리 질척 장 구경도 다 못한다

(1981. 3.)

※ 공륜과의 오랜 실랑이 끝에 제목을 〈애기 노래〉에서 〈비야 비야〉로 바꾸기로 합의하면서 끝내 통과되었다.

• 나그네

새벽 이슬 맞고 떠나와서/ 어스름 저녁에 산길 돌고/ 별빛 속에 묻혀 잠이 들다/ 저승처럼 먼 길에 꿈을 꾸고/ 첫새벽 추위에 잠이 깨어/ 흰 안개 속에서 눈 부빈다

물도랑 건너다 손 담그고/ 보리밭 둑에서 앉았다가/ 처량한 문둥이 울음 듣고/ 김형, 김형하고 불러 보고/ 먼 길을 서둘러 떠나야지/ 소낙비 맞으며 또 가야지

산 아래 마을엔 해가 지고/ 저녁 짓는 연기 들을 덮네/ 멀리 딴 동네 개가 짖고/ 아이들 빈들에 공을 치네/ 어미마다 제 아이 불러가고/ 내가 그 빈들에 홀로 섰네

낮에 들판에서 불던 바람/ 이제는 차가운 달이 됐네/ 한낮에 애들이 놀던 풀길/ 풀잎이 이슬을 먹고 있네/ 이제는 그 길을 내가 가네/ 나도 애들처럼 밟고 가네

(1973. 6.)

※ 83년 발표된 음반(지구레코드사 제작)에 2절 3, 4행이 "소나무 숲 사이로 길을 돌며/ 먹구름 잔치에 깜짝 놀라"로 발표되었다. 그러나 시판되지 않은 박은옥 2집 (1980년, 서라벌 레코드 제작)에는 2절 전체가 빠진 채 실려 있다.

• 장마

손 모아 기다린 비 몹시 내리고/ 강 마을의 아이들 집에 들어앉으면/ 흰 모래 강변은 큰 물에 잠기고/ 말뚝에 매인 나룻배만 심난해지는데/ 강 건너 사공은 낮 꿈에 취하여/ 사납게 흐르는 물 소리도 못 듣는구나

푸르르던 하늘에 먹구름이 끼고/ 어수선한 바람이 술렁거리면/ 산길에 들길 에 빗줄기 몰고/ 반갑잖은 손님 오듯 장마가 온다/ 아, 머슴 녀석은 소 팔러 가서/ 장마 핑계에 대포 한 잔 더 하겠구나

아침결엔 덥더니 저녁되니 비 온다/ 여름 날씨 변덕을 누군들 모르랴/ 목탁에 회심곡에 시주 왔던 스님은/ 어느 인가 없는 곳에서 이 비를 만나나/ 저 암자 동자승은 소처럼 뛰는데/ 늘어진 바랑 주머니가 웬수로구나

(1974. 2.)

※ 당시의 1절 가사는 심의 후 고쳐져서 남아 있지 않는데, 정태춘의 기억에 의하면, "손 모아 기다린 비 몹시 내리고/ 가물음에 마르던 뚝이 터지면/ 강둑의 놀잇배 다 떠내려가고…"이다.

■ 심의 일자 / 1987년 9월 10일
■ 심의 종합 의견 ; 〈통과〉 유의사항; 1, "실향가"중 3절 1, 2행의 표현과 2, "아가야, 가자"는 3절 중 '동무'란 표현은 '친구'로 수정함이 바람직하며, 4행은 유의 ('삼천리라더냐 그뿐이라더냐'란 표현)하시기 바랍니다.
〈개작(6편)〉 "인사동"; 특정 지역을 왜곡, 비하시킬 수 있는 내용이오니 제목 포함 전면(1절 2,8행 및 2절 1,4,5,8행) 개작 바랍니다./ "한밤중의 한시간"; 선동적 요소가 없도록 전면 개작 바랍니다./ "우리들은"; 시상이 승화되도록 3절 1행은 부분 수정 바랍니다./ "그의 노래는"; 가사 언어로 순화되지 못한 1절 1, 2, 3, 4행과 4절 5, 6행은 서정성 있도록 개작하시기 바랍니다./ "얘기 2."; 가사 3, 4절은 전면 재구성(1절 '문둥이'란 표현 포함)바랍니다./ "고향집 가세"; 6절 중 '문둥이'란 표현과 3행은 가사 앞뒤 내용에 맞게 적합한 표현으로 부분 수정 바랍니다. 끝

※ 정태춘은 9월 10일 심의 결과에 불복하여 소견서와 함께 다시 재심의를 신청하였다. 그 결과 비교적 상세한 이유를 붙인 재심의 의견서가 나왔다. 다음은 그 재심의 의견서의 내용이다.

■ 1987년 9월 21일 공륜 심의 종합 의견

〈개작 5편〉

▷ 인사동
문화적 가치가 있는 유물 등이 방치되었던 것도 사실이며 또 작가 의도도 이해는 되나 가사 표현이 객관적으로 볼 때 오해를 줄 수 있는 소지가 많으므로 제목 포함

가사 내용을 전심 지적과 같이 개작하시기 바랍니다.("인사동"이란 제명하에 본 가사 내용을 볼 때 인사동의 전 골동품 가게를 매도할 소지가 있으며 '이놈 저놈'은 욕설이란 비속한 표현의 지적이 아니고 누구나 다란 선의의 인물까지 매도되는 의미로 수정을 요구하는 것이며, 아울러 대화체로나 가능할 '양코쟁이, 게다신사'는 외국인을 경원시하려는 적개심이 내포된 가사말로 부적합한 표현임을 지적한 것임.)

▷ 우리들은
3절 1행은 이미 지상에 기사화된 사실 (국민학교 선생이 학생에게 체벌을 가하여 논란의 대상이 되거나 또는 해당 학부모가 교사를 폭행, 처벌을 요구한 각계의 논쟁 등)이며 또 선생이란 특정 직업을 감안할 때, 용서 없었던 선생은 관용이 부족했던 소인배와 다를 바 없다는 가사 앞뒤 내용과 비유한 점 등, 굳이 노랫말로까지 불리워지게 함은 부적합하다는 판단에서 지적한 것이오니 수정 바랍니다.

▷ 그의 노래는
대중가요의 다양한 발상이나 표현을 억제하려는 의도는 전혀 없으며, 단지 1절 1부터 4행과 4절 5, 6행은 쾌적한 자연을 동경한다는 의도를 일탈한 과격한 표현이오니 수정을 요하는 것임.

▷ 얘기 2
건전하게 사회를 비평함은 바람직하나 3, 4절 중반 이후의 가사는 지나치게 자극적 표현들로만 일관되어 거의 구호화된 의미의 가사 내용으로, 수정(특정병 환자인 '문둥이'를 가사로 사용함은 부적합함) 바랍니다.

▷ 고향집 가세
순수한 작가의 의도는 이해되며 또한 문맥의 불통은 아니나 6절 3행은 오인할 요소(최근 대학가에서 주장하는 미국군 철수 구호와 함께 미군 부대 내의 융단 같은 잔디와 고향의 산비탈의 잡초 등, 비유되는 표현을 감안할 때 미군에 대해 배타성을 암시, 강요하는 의미도 없지 않음)가 있으므로 고향을 그리는 무난한 여타 표현으로 수정함이 합당하겠다는 지적임을 밝힙니다. 아울러 건전한 사고에서 제시한 의견에 감사드리며, 충분히 심의에 반영되었음을 알리오니 양찰하시기 바랍니다. 끝.

※ 정태춘은 이에도 다시 불복하여 몇 번의 재심의를 신청했다. 다음은 세 번째 이후의 심의 결과이다.

■ 1987년 10월 5일 공륜 심의 종합 의견

〈개작 2편〉

▷ 그의 노래는
전심(9월 10일및 9월 21일)지적과 같이 1절 1, 3, 4행 및 4절 6행은 부분 수정 바랍니다.

▷ 얘기 2
3, 4절 6행은 부분 수정 바랍니다. 끝.

■ 1988년 1월 25일 공륜 심의 종합 의견

〈통과 1편〉

▷ 얘기 2
* 유의 사항; 3절 3행의 '지식의 시장에 늘어선 젊은이'란 가사는 배움에 대한 의욕을 비하시킬 수도 있는 표현임에 유의, 재고하시기 바랍니다.

〈반려 1편〉

▷ 그의 노래는
가사는 전심 지적과 같이 가사 1행에 대해 수정을 요하며 3심 결과 반려케 됨을 알리오니 수정후 재심을 요할 시 초심으로 심의 신청 바랍니다.(아울러 '시영 아파트 하수구에서 왕모기나 잡으며' 등의 가사 표현보다는 '서울 변두리 들판에서 잠자리를 쫓는' 등의 미화된 표현으로 수정함이 바람직하오니 4절 6행 포함 재고 바랍니다.) 끝.

참고/가사

• 실향가(失鄕歌)

고향 하늘에 저 별, 저 별/ 저 많은 밤 별들/ 눈에 어리는 그 날, 그 날들이/ 거기에 빛나네/ 불어오는 겨울 바람도 상쾌해/ 어린 날들의 추억이 여기 다시/ 춤을 추네/ 춤을 추네

저 맑은 별 빛 아래/ 한밤 깊도록 뛰놀던 골목길/ 그때 동무들 이제 모두 어른 되어 그곳을 떠나고/ 빈 동리 하늘엔 찬바람 결의 북두칠성/ 나의 머리 위로/ 그날의 향수를 쏟아 부어/ 눈물 젖네/ 눈물 젖네

나의 옛집은/ 나도 모르는 젊은 내외의 새 주인 만나고/ 바깥 사랑채엔/ 늙으신 어머니, 어린 조카들, 가난한 형수님/ 아버님 젯상에 둘러앉은 객지의 형제들/ 한밤의 정적과 옛집의 사랑이 새삼스레/ 몰려드네/ 몰려드네

이 벌판 마을에/ 긴 겨울이 가고 새봄이 오며는/ 저 먼 들길 위로/ 잊고 있던 꿈같은 아지랭이도 피어오르리라/ 햇볕이 좋아 얼었던 대지에 새 풀이 돋으면/ 이 겨울 바람도, 바람의 설움도 잊혀질까/ 고향집도/ 고향집도

(1981.12.)

• 아가야, 가자

아가야, 걸어라 두 발로 서서 아장아장/ 할매 손도 어매 손도 놓고 가슴 펴고 걸어라/ 흰 고무신, 아니 꽃신 신고 저 넓은 땅이 네 땅이다/ 삼천리 강산 거칠 데 없이 아가야, 걸어라

아가야, 걸어라 두 다리에 힘 주고 겅중겅중/ 옆으로 뒤로 두리번거리지 말고 앞을 보고 걸어라/ 한 발자욱, 그래 두 발자욱 저 앞길이 환하잖니/가슴에 닿는 바람을 이겨야지 아가야, 걸어라

아가야, 걸어라 어깨도 펴고 성큼성큼/ 송아지, 송아지, 누렁 송아지 동무하여 걸어라/ 봄 햇살에 온누리로 북소리처럼 뛰는 맥박/ 삼천리라더냐 그뿐이라 더냐 아가야, 가자

• 인사동(仁寺洞)

장승 하나 뻗쳐 놓고/ 앗따 번쩍 유리 속의 골동품/ 버려진 저 왕릉 두루 파 헤쳐/ 이 놈 저 놈 손 벌린 돈딱지
쇠죽통에 꽃 담아 놓고/ 상석 끌어다 곁에 박아놓고/ 허물어진 종가 세간살이/ 때 빼고 광내어 인사동
있는 사람, 꾸민 사람 납신다/ 불경기에 파장 떨이 다 넘어가도/ 고단한 신세 귀한 데 가니/ 침 발라 기름 발라 인사동

놋요강에 개밥그릇까지/ 가마솥의 누룽지까지/ 두메 산골 초가 마루 밑까지/
뒤져 뒤져 쓸어다 돈딱지
열녀문에 효자비까지/ 충의지사 공덕비 향내음까지/ 고려 신라 백제 주춧돌
까지/ 호시탐탐 침흘리는 인사동
양코쟁이, 게다 신사 납신다/ 문 열어라, 일렬 종대 새치기 마라/ 푸대접 신세
물 건너가니/ 침 발라 기름 발라 인사동

(1983. 10. 20)

• 한밤중의 한 시간

한밤중의 한 시간 깨어 일어나/ 어둠 속에 잠들은 이 세상을 보라/ 폭풍우 지
난 해변처럼 밀려오는 정적만이/ 피곤한 이 도회지를 감싸안고 재우는구나
높고 낮은 빌딩 사이, 그 아래 골목마다/ 어깨끼리 부딪치며 분주히 오가던
그 많은 사람들/ 눈을 감으면 되살아나는 그네들의 외침 소리/ 이제 모두 떠
나가고 어둠만이 서성대는데

아, 이 밤과 새벽 사이, 지나가는 시간 사이/ 파란 가로등만 외로이 졸고/ 차가
운 그 불빛 아래 스쳐가는 밤바람만이/ 한낮의 호사를 얘기하는데
새벽 거리에 딩구는 저 많은 쓰레기처럼/ 이 한밤의 얘기들도 새아침엔 치워
지리라

아, 이 밤과 새벽 사이, 스쳐가는 밤바람 사이/ 흐르는 시간은 멈추지 않고/
졸고 있는 가로등 그늘에 비켜 앉은 어둠만이/ 한낮의 허위를 얘기하는데
저 먼 변두리 하늘 위로 새벽 별이 빛나고/ 흔들리는 그 별빛 사이로
새아침은 또 깨고 있구나

(1983. 9. 19)

※ 87년 9월 10일자 심의 결과를 통보받은 직후 심의 내용에 관한 소견서와 함께 일부 수정하여 재심 신청을 했고, 결국 몇몇 부분을 수정하지 않으면 안 되었다. 이 노래에서 수정 통과된 부분은 8행의 "떠나가고"가 "돌아가고"로, 12행의 "한낮의 호사를 얘기하는데"가 "어둠의 노래를 속삭이는데"로, 13, 14행 전부가 "별빛 아래 잠든 도시 침묵 같은 그 속삭임/ 멀고 먼 저 언덕까지 깃발 되어 나부껴도/ 새벽 거리에 내려앉은 뿌연 안개처럼/ 이 한밤의 노래들은 새 아침에 또 숨겨지리라"로, 18행의 "한낮의 허위를 얘기하는데"가 "바람의 노래를 외고 있는데"로 고쳐졌고, 19행 앞에 "이슬 내리는 도로 위엔 일터 나가는 새벽 사람들/ 무심한 그 발걸음으로 또 하루는 지워지고"가 추가되었다.

• 우리들은

제 꼬리를 물려고 뱅글뱅글 도는 고양이처럼/ 제 그림자를 밟으려고 뛰는 아이처럼/ 우리도 언제까지나 맑은 마음으로/ 육신의 어둡고 긴 충동을 희롱할 순 없을까

웃는 얼굴 속에 감춰진 또 다른 추악한 얼굴처럼/ 밝은 한 쪽과 그 뒤의 길다란 그림자처럼/ 자신과 또 그 내부의 자신과의 싸움에서/ 최고의 선을 향한 우리는 항상 승리할 수 없을까

어린 학생의 잘못에 조금치도 용서 없는 어느 선생님처럼/ 타인의 실수엔 절대 관용도 없는 소인배처럼/ 제 일에만은 인자하고 관대하던 우리들/ 자신의 과오에도 언제나 그렇게 엄격할 순 없을까

부딪쳐 오는 파도처럼/ 몰아쳐 오는 바람처럼/ 유혹과 시련은 끝이 없고/ 그 길가에 내가 섰는데

제 어미의 젖을 배불리 먹고 잠든 저 어린애처럼/ 저 산모퉁이 무덤 속의 영혼 없는 육신들처럼/ 우리가 모두 허기진 짐승인 양 집착하던/ 그릇된 애착과 욕망으로부터 초연할 순 없을까

비가 오거나 눈 오나 항상 푸르른 소나무처럼/ 인적 있거나 없거나 항상 열려진 저 숲속 길처럼/ 우리도 어느 땐가는 단 한 순간만이라도/ 작고 하찮은 세상 모든 것으로부터 달관할 수 없을까

(1981. 2.)

• 그의 노래는

시영 아파트 하수구에서 왕모기나 잡으며/ 하루 종일을 보내는 애들/ 서울 변두리 검은 하천엔 썩은 물만 흐르고/ 역한 냄새 속에서 웃지도 않고 노는 애들/ 자연이란 우리에게 무슨 의미가 있을까/ 맑은 시냇물과 쾌적한 바람이란

여름이면 그늘 밑으로, 겨울이면 양지쪽으로/ 숨이 차게 옮겨다니는 저 노인들/ 모진 세파에 이리 깎이고 저리 구부러진 채/ 이제 마지막 일만 초조히 기다리는 이들/ 세월이란 이들에게 무슨 의미가 있을까/ 덧없는 과거와 희망찬 내일이란

미친 운명은 광란처럼 나의 숨통을 조이고/ 나는 허덕이다 꿈을 깨고/ 크고 작은 역경 속에서 저 자신을 학대하며/ 뚫고 나서면 또 거기 시련이/ 휴식이란 우리에게 무슨 의미가 있을까/ 마음의 평화와 육신의 안식이란

그의 노래는 별빛도 없는 깊은 어둠 속에서 나와/ 화사한 그대 향락의 옷자락 끝에 묻어/ 발길마다 채이며 떨며 매달려/ 이제 여기까지 따라왔는데/ 그의 노래는 우리에게 무슨 의미가 있을까/ 가려진 실상과 전도된 가치 속에서

(1982. 8. 4.)

※ 결국 고쳐져서 심의 통과된 가사는 이런 것이었다.

1절은 "후미진 아파트 하수구에서 왕모기나 잡으며 / 하루 종일을 보내는 애들 / 서울 변두리 학교 앞에는 앳된 병아리를 팔고 / 비닐봉지에 사담아 집으로 돌아오는 애들 / 자연이란 이들에게 무슨 의미가 있을까 / 거친 벌판과 깊은 산과 긴 강물이란"이었다. 이 부분에 대해서 공륜은 심의자의 권한을 넘어 이런 구절로 바꾸면 어떻겠냐는 식의 월권적인 추천까지 하였다. '역한 냄새 속에 웃지도 않고 노는 애들'을 '들판에 잠자리를 좇는' 운운으로 바꾸는 게 어떻겠냐는 것이었다. 이는 작품의 문맥과 전혀 맞지 않는 표현들로서 이러한 구절을 만들어낸 공륜의 발상에 실소를 금할 수 없다. 정태춘은 이런 표현들을 수용할 수는 없었으며, 결국 문맥을 해치지 않는 선에서 수정하였다.

4절 마지막 행은 "슬픈 환락과 전도된 가치 속에서"였다. 무엇인가에 의하여 실상이 가려졌다는 표현은 금지되며, 외적인 이유가 없이 스스로 슬픈 환락은 통과된다는 사실은 공륜의 심의 원칙이 무엇인가를 다시 한번 확인하게 한다.

• 얘기 2

저 들밭에 뛰놀던 어린 시절/ 생각도 없이 나는 자랐네/ 봄 여름 갈 겨울 꿈도 없이 크며/ 어린 마음뿐으로 나는 보았네/ 도두리(悼頭里) 봄 들판 사나운 흙바람/ 문둥이 숨었던 학교길 보리밭/ 둔포장(屯浦場) 취하는 옥수수 막걸리/ 밤 깊은 노성리(老城里) 성황당 돌무덤/ 달 밝은 추석날 얼근한 농악대/ 궂은 밤 동구 밖 도깨비 씨름터/ 배고픈 겨울밤 뒷동네 굿거리/ 추위에 갈라진 어머님 손잔등을

이 땅이 좁다고 느끼던 시절/ 방랑자처럼 나는 떠다녔네/ 이리로 저리로 목적지 없이/ 고단한 밤 꿈속처럼 나는 보았네/ 낙동강 하구의 심란한 갈대 숲/ 희뿌연 안개가 감추는 다도해/ 호남선 지나는 김제 벌 까마귀/ 뱃놀이 양산도 설레는 강마을/ 뻐꾸기 메아리 산골의 오두막/ 돌멩이 구르는 험준한 산 계곡/

노을 빛 뜨거운 서해안 간척지/ 내 민족 허리를 자르는 휴전선을

주변의 모든 것에 눈뜨던 시절/ 진실을 알고자 난 헤매었네/ 귀를 열고, 눈을 똑바로 뜨고/ 어설프게나마 나는 듣고 보았네/ 길 잃고 헤매는 교육의 현장과/ 지식의 시장에 늘어선 젊은이/ 예배당 가득히 넘치는 찬미와/ 정거장마다엔 떠나는 사람들/ 영웅이 부르는 압제의 노래와/ 젖은 논 벼 베는 농부의 발자욱/ 빛바랜 병풍과 무너진 성황당/ 내 겨레 고난의 반도 땅 속앓이를

얼마 안 있어 내 아이도 낳고/ 그에게 해 줄 말은 무언가/ 이제까지도 눈에 잘 안 띄고/ 귀하고 듣기 어려웠던 얘기들/ 아직도 풋풋한 바보네 인심과/ 양심을 지키는 가난한 이웃들/ 환인의 나라와 비류의 역사/ 험난한 역경 속 이어온 문화를/ 총명한 아이들의 해맑은 눈빛과/ 당당한 조국의 새로운 미래를/ 깨었는 백성의 넘치는 기상과/ 한 뜻의 노래와 민족의 재통일을

(1981. 3.)

※ 3절, 7행 이후의 심의 제출 당시의 가사는 "서울로 서울로 모이는 군중들/ 부도덕 판치는 어지런 가치관/ 무기력 무관심에 잊혀진 정의감/ 일신의 영달에 눈 어둔 선민들/ 박제된 전통과 새로운 사대와/ 한 많은 내 겨레 반만년 속앓이를"이었고, 4절, 6행 이후의 가사는 "불의와 싸우는 용감한 시민을/ 험난한 역경 속 이어온 문화와/ 꿈 크고 묵묵한 노력의 학도들/ 양심을 지키는 가난한 이웃과/ 공평한 권리와 의무의 사회를/ 온화한 백성과 덕 있는 지도자/ 도덕의 나라와 민족의 재통일을"이었다. 그러나 재심의 등에 계속 걸리면서 고쳐져 위의 가사로 통과되었다. 물론 이러한 수정에는 노래가 처음 완성되던 때와는 작가의 생각도 많이 바뀌었다는 사실도 영향을 미쳤다. 그러나 대중가요에서 흔한 사랑 노래가 아닌, 한국에 사는 한 인간의 의식의 성장을 그리고 있는 이 별난 대중가요는 구절구절 공륜의 비위를 건드렸고, 결국 공륜과 정태춘 합작품이 되고 말았다. 물론 3절 9행의 "영웅이 부르는 압제의 노래와"에서 "압제의" 부분은 심의 통과될 것 같지 않아 "영웅이 부르는 노래와"로

심의를 냈고, 음반 녹음에서는 "영웅이 부르는 (   )노래"로 가사에 의도적으로 공간을 두었다. 녹음 실수가 아니라 '압제'란 단어를 넣을 수 없었기 때문에 비워둔 공간인 것이다.

• **고향집 가세**

내 고향집 뒷 뜰의 해바라기 울타리에 기대어 자고/ 담 너머 논둑길로 황소마차 덜컹거리며 지나가고/ 음, 무너진 장독대 틈 사이로/ 음, 난쟁이 채송화 피우려/ 음, 푸석한 스레트 지붕 위로 햇살이 비쳐오겠지/ 에헤야, 아침이 올 게야/ 에헤야, 내 고향집 가세

내 고향집 담 그늘의 호랭이꽃 기세등등하게 피어나고/ 따가운 햇살에 개흙마당 먼지만 폴폴 나고/ 음, 툇마루 아래 개도 잠이 들고/ 음, 뚝딱거리는 괘종시계만/ 음, 천천히 천천히 돌아갈 게야, 텅 빈 집도 아득하게/ 에헤야, 가물어도 좋아라/ 에헤야, 내 고향집 가세

내 고향집 장독대의 큰 항아리/ 거기 술에 담던 들국화/ 흙담에 매달린 햇마늘 몇 접 어느 자식을 주랴고/ 음, 실한 놈들은 다 싸보내고/ 음, 무지랭이만 겨우 남아도/ 음, 쓰러지는 울타리 대롱대롱 매달린/ 저 수세미나 잘 익으면/ 에헤야, 어머니 계신 곳/ 에헤야, 내 고향집 가세

마루 끝 판장문 앞의 무궁화 지는 햇살에 더욱 소담하고/ 원추리 꽃밭의 실잠자리 저녁 바람에 날개 하늘거리고/ 음, 텃밭의 꼬부라진 오이, 가지/ 음, 밭고랑 일어서는 어머니/ 지금 퀴퀴한 헛간에 호미 던지고/ 어머니는 손을 씻으실 게야/ 에헤야, 수제비도 좋아라/ 에헤야, 내 고향집 가세

내 고향집 마당에 쑥불 피우고/ 맷방석에 이웃들이 앉아/ 도시로 떠난 사람들

얘기하며/ 하늘의 별들을 볼 게야/ 음, 처자들 새하얀 손톱마다/ 음, 샛빨간 봉숭아 물을 들이고/ 음, 새마을 모자로 모기 쫓으며/ 꼬박꼬박 졸기도 할 게야/ 에헤야, 그 별빛도 그리워/ 에헤야, 내 고향집 가세

어릴 적 학교길 보리밭엔 문둥이도 아직 있을런지/ 큰 길가 언덕 위 공동묘지엔 상여집도 그냥 있을런지/ 음, 미군 부대 철조망 그 안으로/ 음, 융단같은 골프장 잔디와/ 음, 이 너머 산비탈 잡초들도/ 지금 가면 다시 볼게야/ 에헤야, 내 아버지는 그 땅 아래/ 에헤야, 내 고향집 가세

(1984. 6. 30)

※ "문둥이", "미군 부대" 등이 문제가 돼 6절 부분 전체를 심의 포기하고 5절까지만 음반에 실었다. 우리 사회에 분명히 존재하고 있는 문둥이와 미군 부대에 대해 공륜은 대중가요에서 그 단어를 언급하는 것조차 금지하고 있다. 그 결과 우리는 어릴 적 문둥이가 있던 고향마을에 대한 기억, 마을 옆 미군 부대 철조망 등의 기억을 대중가요로 노래할 수는 없는 것이다.

■ **1990년 7월 6일 공륜 심의 종합 의견**

〈개작〉

▷ 버섯구름의 노래 ; 본 작품은 남북통일, 평화, 핵전쟁의 관념물들이 마구 뒤섞여 무엇을 뜻하는지 식별할 수 없으므로 개작하시기 바람.

▷ 인사동 ; 본 작품은 실재 특정 상가 지역을 지나치게 비방, 비하 묘사하고 있으므로 개작을 바람.

▷ 형제에게 ; 지나치게 강조된 부정적인 내용을 순화 개작 바람.

▷ 어허, 배달나라 광영이여! ; 지나치게 관념적으로 치우쳐 의미 연결이 모호한 부분과 극단적으로 투쟁을 강조한 내용을 순화 개작 바람.

▷ 우리들의 죽음 ; 어떤 가정의 부주의가 우선된 불행한 사태를 굳이 이념적 사회 문제로 결부한 것은 대중가요로서 부적당하므로 전면 개작 바람. 끝.

참고/가사

• 버섯구름의 노래

강가의 풀꽃들이 강물의 노래에 겨워/ 이리로 또, 저리로 흔들, 흔들며 춤출 때/ 들판의 아이들이 제 땅을 밟고 뛰며/ 헤어진 옛 동무들을 소리쳐 부를 때/ 바로 그때, 폭풍과 섬광/ 피어오르는 버섯구름 하늘을 덮을 때/ 오, 오…

공장에서 돌아온 나 어린 노동자/ 지친 몸을 내던지듯 어둔 방에 쓰러질 때/ 갯가의 할아버지 물 건너 산천을 보며/ 갈 수 없는 고향 노래 눈물로 부를 때

도회지 한가운데 최루탄 바람이 불고/ 불꽃과 그 뜀박질로 통일을 외칠 때/ 가슴엔 우국충정 압제의 칼날을 품고/ 얼굴에는 미소 가득 평화를 외칠 때

(1988. 7.)

※ 우리나라에서는 다른 사람들이 다 알아도 공륜 심의위원이 무슨 내용인지 모르겠다는 이유로 심의 반려를 받아야 한다.

• 어허, 배달나라 광영이여

옛날, 옛날, 그 춥고 어둔 땅에 어느 하루 북소리처럼 하늘이 열리고/ 열린 하늘 아래, 눈부신 그 햇살이 천지사방에, 온갖 사물에/ 이름과 뜻을 지어주던 어느 날/ 천리 벌판을 바라보며 누운 산 그 신비의 등성이 이슬을 헤치며/ 묵직한 발자욱들을 거기 찍으며 홀연히 나타나 외치는 사람들/ 여기여, 여기, 여기여, 여기 그 분이 말씀하신 곳이네/ 가서 나라를 세우라, 가서 나라를 세우라 그이가 지켜 주실 곳이네/ 어, 불함에 봄이 오니 그 꽃이 만홍(滿紅)이라/ 어허, 배달(倍達)나라 광영(光榮)이여/ 어화둥, 어화둥 이 기름진 땅은 우리 살같이/ 어화둥, 어화둥 저 강물일랑 우리 피같이/ 금수 초목의 섭리도 햇살같이 귀해라 땅 일구고 씨앗 뿌려라

그이들은 그분의 모든 뜻대로 또한, 그들 자신과 그 무리의 뜻대로/ 맷돌처럼 짝짓고 칡넝쿨처럼 뻗어나가 거친 역사를 다듬기 시작했네/ 이웃은 벗이요, 또한 무서운 적이라 때론 전투와 화친의 맹세도 했네/ 변방 마을 아이들 맑게 웃는 시절도, 서울 궁성 하늘 불타는 밤도 있었네/ 싸워라, 싸워, 싸워라, 싸워 그분이 말씀하신 뜻이네/ 가서 나라를 지켜라, 가서 나라를 지켜라 그이가 함께하는 땅이네/ 어, 불함에 봄이 오니 그 꽃이 만홍이라/ 어허, 배달나라 광영이여

어화둥, 어화둥 이 기름진 땅은 우리 살같이/ 어화둥, 어화둥 저 강물일랑 우리 피같이/ 새벽이슬로 내리는 평화로운 승리여, 뜻 세우고 강토 지켜라

매무새 곱고 총명한 아낙네들 꽃처럼 티없는 자손을 낳고/ 당당하고 생각 깊은 사내들 그 지혜와 부지런함으로 그들을 가르쳤네/ 그러나 세월 속에 기상은 죽고 예속과 분단의 아픔도 맛보았네/ 땅은 갈리고 형제는 헤어져 고통과 슬픔으로 들은 목소리 있네/ 떨쳐라, 떨쳐 모든 굴레를 떨쳐 버려라 그분이 말씀하신 뜻이네/ 이제 너희를 찾아라, 다시 자신을 찾아라 그이가 기다리는

때이네/ 어, 불함에 봄이 오니 그 꽃이 만홍이라/ 어허, 배달나라 광영이여

어화둥, 어화둥 이 기름진 땅은 우리 살같이/ 어화둥, 어화둥 저 강물일랑 우
리 피같이/ 꿇린 무릎을 세우고 다시 서는 형제여 여기는 우리 아버지의 땅/
아버지의 땅, 아버지의 땅,/ 여기는 우리 아버지의 땅 !!

※ 심의위원 중 한 사람은 사적인 자리에서 '불함에 봄이 오니 그 꽃이 만홍(滿紅)이
라'는 표현은 곧 백두산(불함)에 봄이 와서 붉게 물이 든다는 뜻이므로 용공적인 표
현으로 받아들여질 소지가 있어서 문제가 되었다고 이야기해 주었다고 한다. 이 구
절을 용공적인 표현으로 읽어낸 반공적 상상력이 놀랍다.

• 형제에게

간힌 자 더욱 자유로운 땅/ 이 땅에 흐느끼는 소리여
높은 담벽 아래 시들은 풀잎/ 저보다 더욱 초라한 역사여
깨인 자들에게 쏟아지는 시련/ 달빛 속으로 쫓기는 양심들
주검 없이 죽어간 청춘의 꽃들/ 다시 활짝 피일 참세상은 어디
아, 묶여서도 통일이라네/ 다시 만나야 할 형제 있으니
아, 간혀서도 해방이라네/ 조국의 역사로 살아 숨쉬니

(1989. 11.)

• 우리들의 죽음

"맞벌이 영세 서민 부부가 방문을 잠그고 일을 나간 사이 지하 셋방에서 불이
나 방 안에서 놀던 어린 자녀들이 밖으로 빠져나오지 못하고 질식해 숨졌다.
불이 났을 때 아버지 권(權)씨는 경기도 부천의 직장으로, 어머니 이(李)씨는
합정동으로 파출부 일을 나가 있었으며, 아이들이 방 밖으로 나가지 못하도록

방문을 밖에서 자물쇠로 잠그고, 바깥 현관문도 잠가 둔 상태였다.

연락을 받은 이(李)씨가 달려와 문을 열었을 때, 다섯 살 혜영 양은 방바닥에 엎드린 채, 세 살 영철 군은 옷더미 속에 코를 묻은 채 숨겨 있었다.

두 어린이가 숨진 방은 3평 크기로 바닥에 흩어진 옷가지와 비키니 옷장 등 가구류가 타다만 성냥과 함께 불에 그을려 있었다.

이들 부부는 충남(忠南) 계룡면 금대 2리에서 논 900평에 농사를 짓다가 가난에 못이겨 지난 88년 서울로 올라왔으며, 지난해 10월 현재의 지하방을 전세 4백만 원에 얻어 살아왔다.

어머니 이(李)씨는 경찰에서 '평소 파출부로 나가면서 부엌에는 부엌칼과 연탄불이 있어 위험스럽고, 밖으로 나가면 길을 잃거나 유괴라도 당할 것 같아 방문을 채울 수밖에 없었다'면서 눈물을 흘렸다.

평소 이(李)씨는 아이들이 먹을 점심상과 요강을 준비해 놓고 나가 일해왔다고 말했다. 이들이 사는 주택에는 모두 6개의 지하방이 있으며, 각각 독립구조로 돼 있다."

젊은 아버지는 새벽에 일 나가고 어머니도 돈 벌러 파출부 나가고/ 지하실 단칸방엔 어린 우리 둘이서 아침 햇살 드는 높은 창문 아래 앉아

방문은 밖으로 자물쇠 잠겨 있고, 윗목에는 싸늘한 밥상과 요강이/ 엄마, 아빠가 돌아올 밤까지 우린 심심해도 할 게 없었네

낮엔 테레비도 안 하고 우린 켤 줄도 몰라/ 밤에 보는 테레비도 남의 나라 세상/ 엄마, 아빠는 한 번도 안 나와 우리 집도, 우리 동네도 안 나와

조그만 창문의 햇볕도 스러지고 우린 종일 누워 천정만 바라보다/ 잠이 들다 깨다 꿈인지도 모르게 또 성냥불 장난을 했었어

배가 고프기도 전에 밥은 다 먹어치우고 오줌이 안 마려운데도 요강으로/ 우린 그런 것 밖엔 또 할 게 없었네, 동생은 아직 말을 잘 못하니까

후미진 계단엔 누구 하나 찾아오지 않고 도둑이라도 강도라도 말야/ 옆방에는

누가 사는지도 몰라 어쩌면 거긴 낭떠러지인지도 몰라
성냥불은 그만 내 옷에 옮겨 붙고, 내 눈썹, 내 머리카락도 태우고/ 여기저기
옮겨 붙고 훨, 훨 타올라 우리 놀란 가슴, 두 눈에도 훨, 훨

"엄마, 아빠, 우리가 그렇게 놀랐을 때
엄마, 아빠가 우리와 함께 거기 있었다면…"

방문은 꼭꼭 잠겨서 안 열리고 하얀 연기는 방 안에 꽉 차고/ 우린 서로 부둥
켜안고 눈물만 흘렸어,/ 엄마, 아빠… 엄마, 아빠…

"우린 그렇게 죽었어
그때, 엄마 아빠가 거기 함께 있었다면…
아니, 엄마만이라도 함께만 있었다면…
아니, 우리가 방 안의 연기와 불길 속에서 부둥켜안고 떨기 전에,
엄마 아빠가 보고 싶어 방문을 세차게 두드리기 전에,
손톱에서 피가 나게 방바닥을 긁어대기 전에,
그러다가 동생이 먼저 숨이 막혀 엎푸러지기 전에,
그때, 엄마 아빠가 거기 함께만 있었다면…

아니야, 우리가 어느 날 도망치듯 빠져나온 시골의 고향 마을에서도
우리 네 식구 단란하게 살아갈 수만 있었다면…
아니, 여기가 우리처럼 가난한 사람들에게도 축복을 내리는
그런 나라였다면…
아니, 여기가 엄마 아빠도 주인인 그런 세상이었다면…

엄마 아빠! 너무 슬퍼하지 마
이건 엄마 아빠의 잘못이 아냐, 엄마 아빠의 잘못이 아냐

여기, 불에 그을린 옷자락의 작은 몸뚱이, 몸둥이를 두고 떠나지만
엄마, 아빠… 우린 이제 천사가 되어 하늘 나라로 가는 거야
그런데, 그 천사들은 이렇게 슬픈 세상에는 다시 내려올 수가 없어
언젠가 우린 다시 하늘 나라에서 만나겠지

엄마, 아빠…
우리가 이 세상에서 배운 가장 예쁜 말로 마지막 인사를 해야겠어
엄마, 아빠… 엄마, 아빠…
이제, 안녕… 안녕…"

(1990. 3.)

〈가요 검열제 철폐 운동〉에 관련한 일지

정리/ '삶의 문화'

• 1990년

6월   새 음반 관계법 **'음반 및 비디오물에 관한 법률'** 정부안 확정, 국회 상
임위 제출(가요, 비디오의 사전심의 관련 처벌규정 등이 현저히 강화
된 법률안).

6월 30일   〈민족음악협의회〉 준비위원회 성명서 **'음반법 개악 의도에 대한 우리
의 입장'** 발표.

• 1991년

1월 29일   〈민족음악협의회〉, '음반 및 비디오에 관한 법률 개악 저지를 위한 대
책위원회'(위원장 정태춘) 구성하고 반대 성명.

1월 31일   **'음반법 개악 저지를 위한 〈민족예술인총연합〉 공동 대책위원회' 구성
하고 반대 성명**(참여단체: 민족음악협의회, 민족문학작가회의, 민족미
술협의회, 전국민족극운동협의회, 민족영화위원회, 민족춤위원회, 민족
사진위원회, 민족굿위원회, 민족건축위원회).

2월 7일~8일   **'음반법 개악 저지를 위한 철야농성'**(음반법 개악 저지 민예총 공대위).

2월 8일   '음반 및 비디오물에 관한 법률' 국회 본회의 통과.

         * 3월 8일 공포/ 6월 8일 시행.

3월   구 음반법에 의해 박인배(〈서울노동자문화예술단체협의회〉 대표) 구
속, 재판.

* 공소 사실: 등록을 하지 않고 카세트 테이프 제작·판매.
* 관련법 조문: 구 음반법 제13조 제1항 제1호, 제3조 제1항, 제10조.
* 재판 법원 및 형량: 서울지방법원 남부지원, 징역 2년.
• 박인배, 위 법원에 위헌여부 심판의 제청 신청.
  * 신청 이유: 위법 전제의 법률(구 음반법)은 "평등권, 예술의 자유, 언론 출판의 자유, 죄형법정주의에 위배".
  * 위 지원의 결정(1991년 7월 30일): 동법 제10조, 제13조 제1항 제1조 공소 취소/ 제3조 제1항에 대한 제청신청 기각("이유 없음").
• 헌법재판소에 헌법소원심판 청구(1991년 9월 3일).
• 헌법재판소의 결정(1993년 5월 13일): "동법 제3조 1항 및 제13조 제1항 제1호는 제3조 제1항 각 호에 규정한 시설을 자기 소유이어야 하는 것으로 해석하는 한 헌법에 위반된다."

5월 15일 **'음반법에 관련된 정태춘 기자회견 및 비합법 음반 『아, 대한민국…』** 발표회.

공륜의 사전심의를 거부한 음반 **판매, 배포 강행**. 전국의 대학, 노조, 사회단체 등에 조직 판매하고 공연장, 집회장 등에서 정태춘 싸인 판매

• **1993년**

1월 14일 **영화법 위반 사건 피고인 재판부에 위헌여부심판 제청 신청.**
  * 신청인: 강헌(영화인모임 '장산곶매' 대표)
  * 해당 법률: 영화법 제12조 제1항, 제2항과 동법 제13조 공연법 제 25조의 3 (영화 〈닫힌 교문을 열며〉를 공륜 심의 받지 않고 상영하여 기소됨[사건번호/ 서울형사지방법원 92고단 7586]).
  • 서울 형사지방법원 결정 (1993년 8월 5일). "현행 사전심의는 사실상의 검열제이며, 그 위헌여부에 관한 심판을 (헌법재판소에) 제청한다." * 현재 재판 중지 중.

10월 20일(수) **'가요의 사전심의 거부와 관련한 정태춘 기자회견 및 정태춘, 박은옥의 새 음반 발표회'**(흥사단 대강당).

- 공륜의 사전심의를 거부한 정태춘, 박은옥의 새 음반 『92년 장마, 종로에서』 출반, 판매, 배포 강행, 사인 판매, 시민 지지서명 개시.

20일(수)   KBS 1TV, MBC 9시 뉴스 보도 (KBS 1TV, 회견장 스케치, 정태춘 인터뷰, 문화체육부 담당과장 인터뷰("의법 조치할 터")등 약 3분간 방영.

21일(목)   『일간 스포츠』, 『스포츠 서울』 사회면 보도.

22일(금)   『중앙일보』, 『한국일보』 문화란에 보도.

23일(토)   『문화일보』 1면 톱으로 「사전심의 거부 확산」 제하의 기사 보도.
- 『한겨레신문』 문화면에 「공륜 사전심의 폐지 마땅」 박스 기사.
- 『THE KOREA TIMES』 10면에 보도.

25일(월)   『동아일보』 논설 「때 이른 공윤 무용론」.
- 『중앙일보』, 『국민일보』 논설란에 「때 이른 사전심의 무용론」 등.
- 『스포츠 조선』 연예면에 사실 보도 기사.
- 문화체육부 직원(불법음반 단속반) 2인 정태춘·박은옥 작업실 '삶의 문화' 사무실 내방(문제음반 확인).
- 송파구청에서 전화 문의(문체부 등록회사인가, 문제의 음반제작 사실 있는가?).

27일(수)   공연윤리위원회, 문화체육부에 정태춘 의법조치 의뢰 공문 발송(문서번호 [공윤 93-2835호]).

28일(목)   『시사저널』 209호에 인터뷰 기사.
- 한국가요 작가협회/ 하모니회 공동성명서 발표 「다시 한번 사전 심의 제도의 철폐를 강력히 촉구한다」.

29일(금)   KBS 1TV 『노영심의 작은 음악회』 〈정태춘·박은옥 특집〉 결방(10/11 녹화하고 27, 28일 수차례의 예고방송 및 신문 안내광고가 나갔음에도 당일 사전고지 없이 결방—사전심의를 받지 않은 두 곡 〈저 들에 불을 놓아〉, 〈92년 장마, 종로에서〉 방영 문제로 제동이 걸림).

30일(토)   KBS 1TV 생방송 『심야토론—전화를 받습니다』 〈가요, 영화의 사전심의〉 주제 토론.
   * 토론자: 김동호 (공연윤리위원회 위원장)/ 김순규(문화체육부 예술진흥국장)/ 조강환(동아일보 논설위원)/ 정태춘(가수)/ 정지영(영화감독).

- 『TV저널』 106호에 기자회견 사실 보도.
- 『샘이 깊은 물』 11월호 보도.

10월 31일(일)　『한겨레신문』 「공륜 검열관의 '우려'를 우려한다」라는 제목의 김창남(대중문화 평론가)의 컬럼 게재.

11월 1일(월)　**문화체육부, 서울지검에 정태춘 고발 조치.**

　　　　　　* 위법 행위: 1, 제작업자 등록 없이 음반 제작/ 2, 공륜 심의를 필하지 않은 음반 배포.

　　　　　　* 적용 법조: 「음반 및 비디오물에 관한 법률」 제3조 제1항, 제16조 제2항, 제24조 1항 1호, 4호.

　　　　　　* 음반 내용: 제명/『92년 장마, 종로에서』. 수록곡: 〈양단 몇 마름〉 외 8곡.

4일(목)　기독교방송 〈문화마당〉 출연—사전심의 거부와 관련된 내용 집중 소개 후 새 음반 처음 방송(〈비둘기의 꿈〉, 〈92년 장마, 종로에서〉).

5일(금)　『한겨레신문』 「표현의 자유와 군사문화」라는 논설 게재.

- KBS 1TV **〈노영심의 작은 음악회—정태춘, 박은옥 특집〉**
제작진의 논의를 거쳐 공륜사전심의를 받지 않은 신곡을 포함하여 50분 간 방영).
- 방영후 담당 PD 박해선 '경고' 징계.
- 문체부, 각 시도 공보실 등에 위 음반 수거 지시 공문 발송.

12일(금)　기독교방송(CBS) 및 불교방송(BBS) 새 음반 정식 심의 통과(CBS 심의실에서 〈방송심의위원회〉에 문의한 결과 "각 방송사가 심의할 것인지 아닌지 또는 방송할 것인지, 아닌지 스스로 결정할 일…").

20일(토)　『TV저널』 109호 '취재 수첩'란에 조대원 기자의 「심의철폐 시기상조인가?」라는 칼럼 게재.

- 불교방송 『내 마음의 가요』 출연—사전심의와 관련된 얘기 및 새 음반 발표.

21일(일)　MBC 라디오 〈일요 연예정보〉, 공륜사전심의 거부와 관련한 전화 인터뷰 녹음 방송.

23일(화)　교통방송(TBS) 심의실에 심의 접수.

24일(수)　KBS, MBC, SBS 심의실에 심의 접수.

11월 25일(목)　**공연윤리위, 가요·음반 분야 집중 토론회, 『공윤심의의 현황과**

개선 방향』
* 비공개 토론회(토론회 초청 작가 명단에서 정태춘 제외).
- **가요 작가들 별도 모임** : 이건우, 계동균, 김동주, 정태춘(공동대응 논의)—가요 사전심의제 철폐를 위한 가요 작가들의 모임으로 '가요 검열제 철폐를 추진하는 모임(가칭)'을 구성하기로 합의.

27일(토) 기독교방송『즐거운 오후』〈정태춘, 박은옥 특집〉방송.
- 『TV저널』110호 정태춘, 박은옥 인터뷰 게재.

30일(화) KBS 심의실 심의운영부장 전화 통화(방송심의를 받을 것인가를 확인후 "현행 법률에 규정된 공륜의 심의를 거치지 않은 음반을 자체 방송심의한 관례가 없으므로 타 방송사 및 방송위원회, 공륜 등과 협의 후 결말이 날 때까지 처리를 유보하겠다"고 함).

12월 2일(목) MBC 심의실 담당자와 전화 통화("심의 신청된 음반이 위법물이므로 사태 추이(당사자의 의법 조치 결과 등)를 지켜보고 결론을 내리기로, 심의를 다음번으로 연기" 통보).

7일(화) '삶의 문화', KBS, MBC 심의실에 공문 발송: "새 음반의 방송심의에 관련한 협조 의뢰".

9일(목) TBS 심의필 확인됨.
- SBS 심의 보류(MBC와 같은 입장).

15일(수) MBC 심의 결과 "추후 논의". "당국의 고발 등 사후조치 지켜보며 재론키로".

- **1994년**

1월 18일(화) 위 **음반을 판매하던 전남·광주 지역 레코드 소매점 6개 업소에 대해 각 10일간 영업 정지 조치**(금성사, 새한레코드점 등)
- 서울지방 검찰청에서 정태춘 출두 요구:『92년 장마, 종로에서』음반에 관한 고발사건 관련으로(담당검사 721호, 권영석).
- '삶의 문화', **가요 검열제 철폐 운동 관련 자료집 발간**(『'가요 검열제 폐지'에 관한 입장 및 그 대안』—관계자료 등 약 80쪽 분량).

1월 22일(토)   자료집 발송(관련단체, 개인, 신문사 등).

24일(월)   검찰에 출두, 조사에 응함.

 • 〈공연윤리위원회〉 방문, 자료집 제출.

25일(화)   검찰, **정태춘 불구속 기소.**

 * 적용 법규: '음반 및 비디오물에 관한 법률' 제24조 제1항, 제1호, 제4
   호, 제3조 제1항, 제16조 제2항, 제25조 제1항, 제6조 제1항, 제24조
   제2항, 제25조 제2항 '형법' 제37조, 38조, 40조.

26일(수)   사단법인 **〈한국민족예술인총연합〉, 검찰의 정태춘 기소에 관한 성명
   서** 발표.

27일(목)   〈한국가요 작가협회 방문〉(사무국장, 김동주 이사 면담)—2월 정기총
   회에서 검열 철폐 성명 채택하기로, 개인 서명 받기로 함.

2월 3일(목)   **〈한국음악저작권협회〉 정기총회.**

 * 정태춘의 〈가요 작가 동료, 선후배님들께 드리는 글〉 배포.

 * 자료집 및 카세트 배포.

 * 젊은 작가들 모임, 대책 논의. (〈가요작가협회〉와 〈하모니회〉에서 한
   사람씩과 정태춘이 추동, 가요 검열제 철폐 운동을 진행하기로 합의.
   또, 개인 서명 받기로 함)

16일(수)   **〈한국가요작가협회〉 총회.**

 * '가요 검열제 철폐와 관련한 결의문 채택의 건' 안건 상정, 토의(차기
   이사회에서 계속 논의, 처리하기로 위임).

21일(월)   정기 이사회에서 논의, 만장일치 통과.

3월 2일(수)   〈서울형사지방법원〉, 정태춘에게 첫번째 공판을 위한 피고인 소환
   장 발부.

 * 사건 번호: 94 고단 373/ 재판일: 94년 3월 8일 (3월 22일로 연기).

 * 변호사 선임(해마루 합동법률사무소 천정배 변호사)

20일(일)   '삶의 문화', **가요 검열제 철폐 운동 관련 자료집 증보판** 발간 『'가요
   검열제 폐지'에 관한 입장 및 그 대안』(일지, 관계자료 등 보완)

3월 22일(화)   **정태춘 기소 건(〈94 고단 373〉)에 대한 1차 공판.**

 * 〈서울형사지방법원〉 1단독, 변진광 판사(제317호 법정)
   (검찰 및 변호인 신문 등 사실 심리).

3월 25일(금)   문화체육부 김도연 차관 면담. 예술 1과장 면담.

　　　　　　* 『'가요 검열제 철폐'에 관한 의견 및 대안』 증보판 자료집 및 『92년 장마, 종로에서』 카세트 테이프 접수.

4월 19일(화)   **정태춘 기소 건(〈94 고단 373〉)에 대한 2차 공판.**

　　　　　　* 정태춘, 본건 관련 법률에 대한 **'위헌법률심판제청'**을 담당 재판부에 신청.

5월 10일(화)   **정태춘 기소 건(〈94 고단 373〉)에 대한 3차 공판.**

　　　　　　* 담당 재판장(변진장 판사), **위헌제청 결정 판결.**
　　　　　　주문/ "신청인을 피고인으로 한 "서울형사지방법원 93 고단 373 음반 및 비디오물에 관한 법률위반 사건"에 관하여 음반 및 비디오물에 관한 법률 제16조 1항, 2항, 제24조 제1항 제4호, 제2항의 위헌 여부에 관한 심판을 신청한다."

　　　　　　* 헌법재판소 접수 번호 〈94 헌가 6〉 (3 지정 재판부)

1994년 7월 8일(금)   **정태춘 노래 모음 책 〈정태춘 2/ 92년 장마, 종로에서〉 출간 (한울).**

　　　　　　* 가요 검열제 철폐 운동 자료와 사진, 새 앨범 수록곡들의 가사 악보 수록

● **1995년**

2월 8일(수)   동아일보, "음반 사전 심의제 곧 폐지"라는 요지의 기사 게재.

2월 20일(월)   **〈음비법 개정을 위한 토론회〉**

　　　　　　* 국립중앙박물관 대강당/ 문화체육부/ 이중한 사회, 지정 토론자 정태춘 외 15명 참가/ 영상물, 컴퓨터 소프트웨어 업계 관계자 등.

2월 27일(월)   정태춘, **〈'음반 및 비디오물에 관한 법률' 개정에 관한 의견서〉** 문화체육부에 접수.

　　　　　　* 16페이지 분량의 법 개정 방향과 대안에 관한 최종 의견.

3월 7일(화)   정태춘, **〈위헌 심판 신청 건에 관한 결정 촉구서〉** 헌법재판소에 접수.

　　　　　　* 대리인 천정배 변호사.

3월 10일(금)　법무부, 〈'음비법 위헌 제청 건'에 관한 의견서〉 헌법재판소에 제출.

　　　　　　* 요지/ 예술 표현의 자유도 공공복리를 위해 제한될 수 있다. 현행 사
　　　　　　전 심의제와 공륜은 검열제나 검열 기구가 아니다.

　　　　　　* 본 건의 기각 결정을 요청한다.

3월 23일(목)　법무부, 위 의견서 복사본을 교수, 언론에 배포

　　　　　　* 노동은, 강준만 등 외

6월 9일(금)　〈UN 인권위원회〉 한국 조사단 방한 조사 준비

　　　　　　* 제목 〈가수 정태춘의 가요 검열제 철폐 운동에 관한 한국 정부의 탄
　　　　　　압〉 (천정배 변호사 작성)

6월 11일(일)　중앙일보, 정부의 〈음비법〉 개정에 관한 기사 게재

　　　　　　* "정부 개정안 6월 중 매듭지을 계획. 컴퓨터 소프트웨어 업계 개정 내
　　　　　　용에 반발..." 등

6월 15일(목)　정태춘, 문체부 영상음반 담당 사무관과 통화

　　　　　　* 개정안 내용에 관한 설명

　　　　　　1) 현행 강제적 사전심의제 폐지하고 임의(자진) 심의제 전환

　　　　　　2) 납본 과정을 통해 위해성 감시

　　　　　　3) 외국 음반은 수입 허가 시에 심의

　　　　　　4) 현행 사전 심의제 철폐에 관한 반대 의견 없음

　　　　　　5) 곧 입법 예고 후, 7월~9월 국회에 상정할 예정

6월 27일(화)　정태춘, 〈UN 인권위원회 (Commission on Human Rights)〉 산하
　　　　　　〈의사 표현에 관한 특별 보고관 (Special Rapporteur on Freedom of
　　　　　　Opinion and Expression)〉 아비드 후사인(Abid Hussain) 씨와 "가요
　　　　　　검열제 철폐 운동에 관하여" 면담(한남동 UNDP 사무실)

6월 29일(목)　〈한국의 의사 표현의 자유에 관한 토론회〉

　　　　　　* 참가자/ 천정배(사회), 김종서(교수), 김선수(변호사), 손석춘(언론노
　　　　　　동자연합 정책실장), 정진상(교수), 정태춘/ 아비드 후사인(Abid
　　　　　　Hussain) 씨 참관

8월 29일(화)　〈'음반 및 비디오 물에 관한 법률' 개정을 위한 공청회〉

　　　　　　* 국회의원회관 소회의실/ 주관; 민주자유당 국회의원 박종웅

　　　　　　* 그간 문체부에서 작업해 온 개정안의 결과물을 박종웅 의원의 의원

입법 형식으로 개정 시안으로 발표하고, 이를 토대로 한 공청회

* 주요 골자

1) 가요에 대한 일률적 사전 심의제 폐지

2) 공륜의 선별적 〈직권 심의제〉

3) 그 심의 결과에 따라 음반의 판매 중지나 제한, 수정 삭제 지시 명령 권한 부여

* 정태춘, 공륜의 직권 심의제 반대 입장 표명

8월 30일(수), 31일(목) 한겨레신문, 사전 심의제 폐지 관련 내용 크게 보도, 별도 해설과 박스 기사 등으로 정태춘의 입장 소개

9월 1일(금)　정태춘, 문체부 영상음반과장과 통화, 직권 심의제 반대 표명

9월 5일(화)　**〈민족예술인총연합〉** 성명, "민자당의 음비법 개정 시안 중 직권 심의제 반대, 검열제 완전 철폐 요구"

9월 13일(수)　정태춘, **〈국회 문화체육공보위원회〉** 의원실 방문. 면담과 의견서 제출

* "직권 심의 반대, 수정 입법" 요구

* 민자당 박종웅, 민주당 박계동, 새정치국민회의 정상용, 자민련 정진영 의원실에 의견서 〈가요 창작인에게 열린 상상력을, 대중에게는 아름다운 노래를〉

1) 민자당의 〈음비법 개정안 시안〉에 대해 반대한다

2) 정부의 〈공륜의 직권 심의제〉 신설 불가피론에 대한 반론

10월 2일(월)　언론사들, 서태지 새 앨범 심의 건에 관해 대대적인 보도

11월 2일(목)　정태춘, 국회 문체공위 소속 의원 비서관들과의 비공식 간담회

* 국민회의 정상용 의원실/ 국민회의 조세형, 정상용, 배기선 의원실/ 민주당 박계동, 자민련 김진영 의원실 방문

11월 9일(목)　국회 문체공위, 〈음비법〉 개정안 중 직권심의 부분에 관한 논의. 이견으로 다시 논의키로.

11월 13일(월)　정태춘, 문체부 차관 면담

* 영상음반과장 등과 함께 직권심의제 부분의 국회 쟁점 사항 논의, 조정

* 개정 시안의 〈직권 심의제〉는 유지하되 처벌 조항 삭제하기로 함. 이 내용을 정태춘이 상임위 야당 의원들에게 설명

11월 14일(화)   국회 문체공위, 법안 심사 소위원회 개최

　　　　* 13일자 조정 내용으로 합의)

11월 14일(화)   국회 문체공위 상임위원회 개최

　　　　* 소위원회 합의대로 〈음비법 개정안〉 만장일치 통과

11월 17일(금)   국회 본회의, **〈음반 및 비디오물에 관한 법률 개정안〉** 만장일치
　　　　통과

　　　　* 박종웅 의원 입법

• 1996년

6월 1일(토)   가요 사전 심의제가 폐지된 **〈음반 및 비디오물에 관한 법률〉** 시행

　　　　* 박종웅 의원실, 보도 자료 〈"음반 사전심의제 폐지 등.. 역사적 개정
　　　　실현"〉 배포.

　　　　내용 (발췌)

　　　　1) 개정 취지 및 의미; … 대중문화계의 오랜 숙원 사업을 해결하기
　　　　위한 개혁 작업의 일환으로… (중략) … 〈음비법 개정안〉은 음반의
　　　　사전 심의제 및 사전 제작 신고제를 철폐하는 등 구 법상의 각종
　　　　규제 및 절차를 축소 또는 폐지하여 대중예술인들의 자율성을 신장
　　　　하고 창작 활동을 보호함과 동시에… (후략).

　　　　2) 주요 개정 내용; "가수 정태춘 씨 및 〈민족예술인총연합〉의 숙원
　　　　사업 해결"… 음반 및 음반에 관한 광고나 선전물에 대한 일률적인
　　　　사전 심의제는 폐지되었고, '〈공연윤리위원회〉는 일정한 심의 불가
　　　　사유에 해당한다고 인정되는 음반에 대하여는 심의할 수 있다'는
　　　　선언적 규정만 남겨 둠.

6월 7일~9일

　　　　* 가요 검열제 철폐 기념 콘서트 "자유"/ 서울대 노천극장, 문화관/ 신해
　　　　철, 조동진, 한영애, 신성우, 장사익, 양희은, 강산에, 노찾사, 삐삐밴
　　　　드, 꽃다지, 윤도현, 정태춘 박은옥 등 출연 (기획, 연출/ 강헌)

　　　　* 정태춘 박은옥 앨범 〈아, 대한민국..〉, 〈92년 장마, 종로에서〉 합법 출시

10월 31일(목)　　**헌법재판소, 가요 사전심의제 위헌 판결**

11월 18일(토)　정태춘 박은옥, 각 언론사에 성명서 〈"가요 검열제 폐지와 관련
　　　　　　하여"〉 발표

19일(일)　정태춘, 한겨레신문에 광고 〈가요 검열제 철폐 운동 지원에 대한 감
　　　　　　사 인사〉 게재.

※ 1933년, 일제 치하 조선총독부는 〈레코드취체 규칙〉을 제정하여 대중가요를 검열하기 시작했는데 그 제도는 해방 후에 잠시 사라졌다가 박정희 정권에서 다시 등장했다. 1966년 1월, 정부는 〈한국예술문화윤리위원회〉를 창설하였고 1975년에 "공연의 공공성과 그 질서 및 품위를 유지, 향상하게 함으로써 건전한 공연 풍토를 정립"하기 위한 「공연법」의 개정에 따라서 〈공연윤리위원회〉로 그 이름을 바꾸었다. 역대 위원장은 오종식, 김광섭, 최창봉, 이영희, 곽종원, 김동호, 윤상철, 김상식 등이다. 조직은 위원장 아래 사무국장을 두고, 그 밑에 총무부와 기획조사부를 두어 사무 집행을 맡아 왔으며, 재정은 국고보조금, 문예진흥원지원금, 영화진흥공사지원금, 심의료 등과 기타의 재정으로 운영되어 왔다. (참고로, 가요 심의료는 곡 당 3,000원, 영화는 편 당 1백 만 원) 회의 기구로서 윤리위원회(위원장 등 15명)에 5개의 전문 심의위원회와 3명 내외의 상근 심의위원을 두었다. 무대공연물 전문 심의위원회(심의위원 6명), 영화 전문 심의위원회(심의위원 11명), 가요·음반 전문 심의위원회(심의위원 6명), 비디오 전문 심의위원회(심의위원 6명), 광고물 전문 심의위원회(심의위원 3명) 등이 있었다. 각 분야별로 윤리위원이 1명 씩(무대 공연물 2명) 구성되어 전문 심의위원회 의장직을 맡아 수행하였다. 또한, 매달 〈심의월보〉를 발행하는 한편, 각계의 의견 종합을 위한 간담회, 심포지엄과 세미나를 개최하여 원활한 운영을 도모하였다. 그러나 각 분야 예술인들의 창작 표현의 자유와 공연물 제작업자의 재산권, 그리고 윤리 심의에 있어서 시대적·사회적 변화에 따르는 심의 기준의 변화 등으로 인한 문제점도 적지 않게 제기되었다. 그 결과 1996년 10월 헌법재판소로부터 영화 사전 검열이 위헌이라는 판결을 받고 등급제의 정착을 위한 과도 체제로 〈공연예술진흥협의회〉(위원장·서기원)가 구성되었다. 그 후, 1998년 6월 10일 대통령령에 의하여 김수용(金洙容)을 위원장으로 한 〈영상물 등급위원회〉가 발족됨으로써 사실상 〈공연윤리위원회〉는 해체되었다.

1 ▸ 1A 2 ▸ 2A 3 ▸ 3A 4 ▸ 4A 5
7   KODAK 5095   8   GOLD 100-2   9   KODAK 5095   10

6 ▸ 6A 7 ▸ 7A 8 ▸ 8A 9 ▸ 9A 10
11   KODAK 5095   12   GOLD 100-2   13   KODAK 5095   14   GOLD 100-2   15

11 ▸ 11A 12 ▸ 12A 13 ▸ 13A 14 ▸ 14A 15
100-2   17   KOD   19   KODAK 5095   20

16 ▸ 17A 18 ▸ 18A 19 ▸ 19A 20
21   KOD   100-2   23   KODAK 5095   24   GOLD 100-2

엮은이 이영미

1961년 서울에서 태어나 고려대학교 국어국문학과와 같은 대학원을 졸업했다.
1984년부터 대중가요를 비롯한 대중예술, 민중가요, 연극, 등에 대한 평론과 연구를
해왔고, 한국예술종합학교와 성공회대 등에서 오랫동안 강의했다.
저서로는 『한국대중가요사』, 『한국대중예술사, 신파성으로 읽다』, 『대중예술본색』,
『흥남부두의 금순이는 어디로 갔을까』, 『신데렐라는 없었다』, 『마당극 양식의 원리
와 특성』, 『대학로 시대의 극작가들』, 『동백아가씨는 어디로 갔을까』, 『세시봉 서태
지와 트로트를 부르다』, 『광장의 노래는 세상을 어떻게 바꾸는가』, 『요즘 왜 이런
드라마가 뜨는 것인가』 등이 있다.

사진 김승근

1960년 부산에서 태어나 신구전문대 사진학과를 졸업하고 월간 ≪뿌리깊은 나무≫
사진기자를 지냈다. 현재 사진작가로 활동 중이다.

정태춘 2
92년 장마, 종로에서

엮은이 이영미
펴낸이 김종수
펴낸곳 한울엠플러스(주)

초판1쇄 발행 1994년 6월 10일
증보판1쇄 발행 2025년 4월 25일

주소 10881 경기도 파주시 광인사길 153 한울시소빌딩 3층
전화 031-955-0655
팩스 031-955-0656
홈페이지 www.hanulmplus.kr
등록번호 제406-2015-000143호

Printed in Korea.
ISBN 978-89-460-8375-2 03670